kochen & genießen

Ohne Fleisch genießen

MOEWIG

GELINGT IMMER!
GARANTIE
Alle Rezepte 3 Mal getestet

„Gelingt immer!“ steht auf dem Garantiesiegel des Buchcovers. Dieser Qualitätsanspruch ist uns wichtig, damit bei Ihnen zu Hause auch wirklich alles reibungslos klappt. **Dafür wird jedes Rezept von unserer Redaktion mehrfach getestet.** Ernährungswissenschaftler kochen und backen die Rezepte in unserer Versuchsküche nach. Die Foodstylisten verwenden für die Fotos nur echte Lebensmittel, damit alles natürlich ist und auch so aussieht. Nur, wenn die Rezepte perfekt gelingen, veröffentlichen wir sie. Dafür steht unser Siegel.

Moewig ist ein Imprint der Edel Germany GmbH

www.moewig.de | www.edel.com
2. Auflage 2015

Redaktion kochen & genießen:
Chefredaktion: Jessika Brendel
Konzeption und Text: Stefanie Clausen
Redaktion: Angela Berger, Sophie Merkens, Kathrin Schmuck
Schlussredaktion: Dörte Petersen-Freynhagen, Hanne Tauscher

Grafisches Konzept & Layout:
Marion Müller, mal3-design.de

Fotos: Food & Foto, Hamburg
S. 8/9: 5 am Tag (2); Toppits (1)

Druck & Bindung:
optimal media GmbH, Glienholzweg 7, 17207 Röbel / Müritz

Printed in Germany
ISBN 978-3-86803-544-5

Fleischlos glücklich

Die Zeiten, in denen Gemüse als Beilage nur eine Nebenrolle spielte, sind längst vorbei. Heute sind Broccoli, Tomaten & Co. die heimlichen Stars auf unseren Tellern. Denn aus Gemüse lassen sich tolle Gerichte zaubern, die köstlich schmecken und die obendrein noch viele Vitalstoffe liefern, die uns fit und rundum gesund erhalten.

In diesem Buch haben wir für Sie die besten Rezepte ohne Fleisch zusammengestellt: von raffinierten Vorspeisen über knackige Salate bis hin zu herzhaften Suppen und Eintöpfen. Sie möchten Ihre Gäste mal so richtig verwöhnen? Bitte sehr: Herrlich duftenden Aufläufen mit goldgelber Käsekruste, leckerer Pasta und üppig belegten Pizzen kann keiner widerstehen. Doch damit nicht genug: Ob Sie nur wenig Zeit haben, Feines für die schlanke Linie oder Hits für Ihre Kids suchen – hier finden Sie über 160 Patentrezepte für (fast) alle Fälle.

Sämtliche Rezepte wurden in der Versuchsküche von kochen & genießen erprobt, sind leicht verständlich und step by step erklart.
So geht selbst Koch-Neulingen alles kinderleicht von der Hand.

Wir möchten Ihnen mit diesem Buch Lust machen auf genussvolle Gaumenfreuden ohne Fleisch und wünschen Ihnen dabei viel Spaß!

Ihre Redaktion
kochen & genießen

Inhalt

Wer auf Fleisch verzichten möchte, braucht nur ein wenig Know-how, um rundherum topfit zu bleiben

Lecker kochen & genießen ohne Fleisch

Weniger tierische Produkte, mehr Obst und Gemüse – das sind die Empfehlungen der modernen Ernährungsforschung. Der Hauptgrund: In pflanzlichen Lebensmitteln stecken neben Vitaminen und Mineralstoffen sogenannte sekundäre Pflanzenstoffe. Diese Substanzen, die bei Obst und Gemüse für Geschmack und Farbe sorgen, sind wahre Wohltäter. Sie schützen u. a. vor Infektionen und Herzinfarkt und beugen sogar Krebs vor. Immer mehr Menschen entscheiden sich deshalb ganz bewusst, auf Fleisch zu verzichten, ohne allerdings gleich zum „reinen" Vegetarier zu werden. Bei ihnen kommen weiterhin Milchprodukte und auch schon mal Fisch auf den Teller. Trotzdem gibt es von der Auswahl bis zur Zubereitung der Lebensmittel einiges zu beachten, damit man fit und gesund bleibt und auch der Genuss nicht zu kurz kommt.

Rundum gut versorgt mit Gemüse & Co.?

Wer auf pflanzliche Kost umsteigt, sollte sich schon ein wenig auskennen, denn weglassen allein genügt nicht. Auf die Mischung kommt's an: Wer auf Fleisch und Wurst verzichtet, weiterhin aber Milch, Milchprodukte und Eier und vielleicht sogar öfter auch Fisch isst, hat keine Probleme, seinen Eiweißbedarf zu decken. Wenn Sie überhaupt keine tierischen Produkte mögen, können Sie sich trotzdem gut mit Proteinen versorgen: Pflanzliches Eiweiß ist für den Menschen zwar nicht ganz so wertvoll wie tierisches. Durch die richtige Kombination zweier Lebensmittel, die sich optimal ergänzen, kann man es jedoch leicht „aufwerten". Ernährungsphysiologisch günstige Kombinationen sind z. B. Getreide und Hülsenfrüchte, Getreide und Nüsse sowie Hülsenfrüchte und Nüsse.

Diese klassischen Typen unterscheidet man

Ovo-Lacto-Vegetarier essen außer pflanzlichen Lebensmitteln Milch und Milchprodukte sowie Eier. Das erleichtert eine ausgewogene Ernährung und der Genuss stimmt auch.

Lacto-Vegetarier verzehren zusätzlich zu pflanzlichen Lebensmitteln Milch und alle Milchprodukte, aber keine Eier. Auch so kann man sich noch rundum gesund ernähren!

Veganer lehnen alle tierischen Produkte ab. Sie verzichten sogar auf Honig. Hier kann die Versorgung mit einigen Nährstoffen durchaus kritisch werden.

So bekommen Sie genug Eisen und Vitamin B_{12}

Immer wieder wird behauptet, dass es schwierig sei, bei fleischloser Ernährung seinen Eisenbedarf zu decken. Doch keine Sorge: Das Eisen aus Fleisch ist zwar für den menschlichen Körper leichter verwertbar, aber auch mit reiner Pflanzennahrung kann man seinen Bedarf prima decken. Eisenreiche pflanzliche Lebensmittel sind z. B. Hirse, Roggen, Hülsenfrüchte, Spinat und Rosenkohl, außerdem Beerenobst. Und noch ein Trick: Trinken Sie zum Essen ein Glas Orangensaft! Durch das Vitamin C darin wird das Eisen aus Gemüse, Obst und Getreide besser aufgenommen.

Vitamin B_{12} ist wichtig für Wachstum und Nerven und kommt nur in tierischen Lebensmitteln und Hefe vor. Es wird jedoch vom Körper gespeichert. Daher führt oft erst langjährige streng vegane Ernährung zum Mangel. Vorsicht ist bei Kindern geboten, die noch wenig Speicher haben.

Allgemein gilt: je farbenfroher die Lebensmittelpalette, desto gesünder. Die Deutsche Gesellschaft für Ernährung rät daher dazu, 5-mal am Tag eine Portion Obst oder Gemüse zu essen. Kein Problem bei vegetarischer Ernährung!

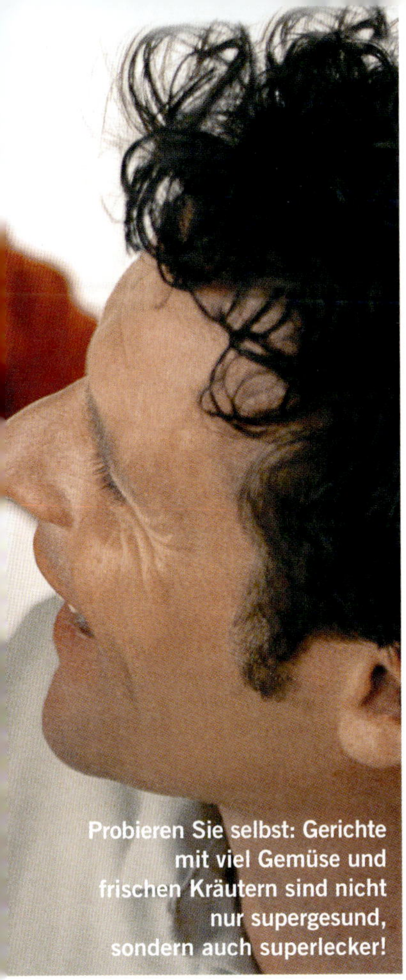

Probieren Sie selbst: Gerichte mit viel Gemüse und frischen Kräutern sind nicht nur supergesund, sondern auch superlecker!

Das sollten Sie beim Einkauf beachten

Das Warenangebot in Obst- und Gemüseabteilungen ist riesiger denn je. Dabei kommt's besonders auf die Frische an. Kaufen Sie möglichst heimische Ware, die noch voller Vitamine steckt, weil sie keine langen Transportwege hinter sich hat. Achten Sie auf die hiesige Saison! Zur Erntezeit ist Obst und Gemüse nicht nur am preiswertesten und gesündesten, sondern auch am leckersten. Greifen Sie außerhalb der Saison zu Tiefkühlware.

Wenn Sie nicht täglich einkaufen, die Lebensmittel möglichst kurz, kühl und dunkel lagern. „Grünzeug" ist im Gemüsefach des Kühlschranks am besten aufgehoben. Kräuter in Töpfchen kaufen oder im Plastikbeutel mit etwas Wasser aufheben.

Beim Gemüsekauf kommt es vor allem auf Frische und Qualität an. Wenn beides stimmt, greifen Sie ruhig zu

Schonend Garen

KOCHEN
Beim Garen in reichlich Flüssigkeit gehen viele Vitamine und Mineralstoffe ins Kochwasser über. Dieses möglichst für Suppen und Soßen mitverwenden.

DÜNSTEN
Das Garen in wenig kochender Flüssigkeit, evtl. mit etwas Fett, schont sämtliche Inhaltsstoffe und ist ideal für zartes Gemüse.

DÄMPFEN
Da die Lebensmittel nur mit Wasserdampf, nicht aber mit Wasser in Berührung kommen, gehen dabei nur wenig Vitamine und Mineralstoffe verloren.

BRATEN
Weniger schonend ist das Braten bei 150–250 °C in Pfanne oder Backofen. Vorteil: Röststoffe verleihen „neutralen" Gemüsesorten, z. B. Zucchini, Geschmack.

SCHNELLKOCHTOPF
Im Topf bildet sich ein Überdruck. Dadurch verkürzt sich die Garzeit um bis zu 50 %. Top für Lebensmittel mit langer Garzeit.

TONTOPF
Im Ton- bzw. Römertopf gart alles besonders nährstoffschonend im eigenen Saft, nichts laugt aus. Wichtig: Topf bzw. Deckel vorher immer gründlich wässern.

WOK
Beim „Pfannenrühren" im recht heißen Fett sind die Garzeiten kurz. Dadurch bleibt z. B. Gemüse knackig, ohne seine wertvollen Inhaltsstoffe einzubüßen.

BRATSCHLAUCH
Im Schlauch bildet sich eine Dampfschicht, die den Saft in den Lebensmitteln hält. Aroma- und Nährstoffe bleiben hierbei bestens erhalten.

Antipasti mit Pinienkernen

ZUTATEN FÜR 4 PERSONEN

- 1 große Möhre
- 1 kleine Zucchini
- 3 kleine Paprikaschoten (z. B. grün, gelb und rot)
- 2–3 EL Pinienkerne
- 3–4 EL Olivenöl
- Salz • Pfeffer
- 1–2 TL Zucker
- 4 EL Balsamico-Essig (z. B. weißer)
- 2 Stiele Petersilie
- 2 Stiele frischer oder ½ TL getrockneter Estragon oder Basilikum

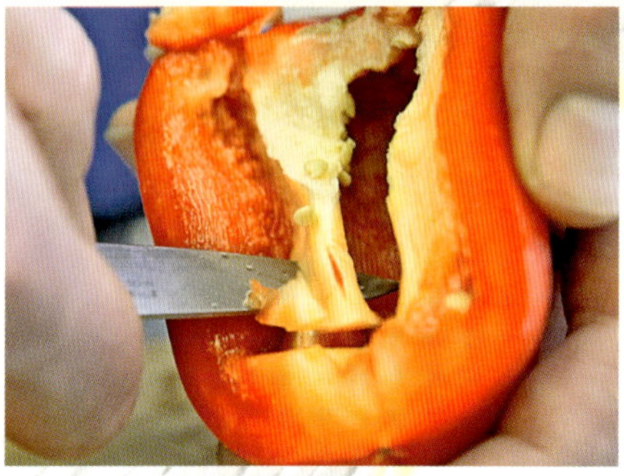

1 Möhre schälen, waschen, längs halbieren und in Stücke schneiden. Zucchini putzen, waschen und in dicke Scheiben schneiden. Paprika putzen, waschen und in Stücke schneiden.

2 Pinienkerne in einer großen Pfanne ohne Fett rösten, herausnehmen. Öl in der Pfanne erhitzen. Gemüse darin evtl. portionsweise unter Wenden anbraten. Mit Salz, Pfeffer und Zucker würzen.

3 Gemüse mit Essig und knapp 100 ml Wasser ablöschen. Aufkochen und ca. 5 Minuten köcheln. Gemüse im Sud auskühlen lassen.

4 Kräuter waschen und grob hacken. Mit den Pinienkernen unter das Gemüse heben. Alles anrichten. Dazu schmeckt Ciabatta.
Getränk: leichter Rotwein.

ZUBEREITUNGSZEIT ca. 30 Min.
AUSKÜHL-/MARINIERZEIT ca. 1 Std.
PORTION ca. 150 kcal
3 g E · 12 g F · 7 g KH

Vorspeisen vom Feinsten

Sie suchen was Raffiniertes als Menü-Auftakt oder etwas Kleines für zwischendurch? Hier werden Sie fündig

Überbackene Krabben-Schnittchen

ZUTATEN FÜR 4 PERSONEN

- 250 g geschälte gegarte Eismeergarnelen
- 1 EL Sherry
- Pfeffer • Salz
- 8 Scheiben Toastbrot
- 2–3 Stiele Dill
- 1 gestrichener EL (10 g) Butter
- 1 gestrichener EL (10 g) Mehl
- 7–8 EL (75 ml) Milch
- 125 g Schlagsahne
- 2 Eigelb
- 1–2 TL Zitronensaft
- 8 TL Schmand oder stichfeste saure Sahne
- evtl. 4 TL roter Kaviar (z. B. Keta- oder Löjrom-Kaviar; Glas) und Bio-Zitrone zum Garnieren
- Backpapier

1 Garnelen abspülen und abtropfen lassen. Mit Sherry und Pfeffer mischen. Aus dem Toastbrot 8 runde Taler (ca. 8 cm Ø) ausstechen oder ausschneiden und im Toaster rösten. Dill waschen, Fähnchen abzupfen.

2 Butter erhitzen. Mehl darin anschwitzen. Milch und Sahne einrühren. Aufkochen und ca. 5 Minuten köcheln. Ca. 2 EL Soße mit Eigelb glatt rühren. In die übrige Soße rühren (nicht mehr kochen!). Mit Zitronensaft, Salz und Pfeffer abschmecken.

3 Brottaler nebeneinander auf ein mit Backpapier ausgelegtes Backblech legen. Garnelen und Soße darauf verteilen. Im vorgeheizten Backofen (E-Herd: 225 °C/Umluft: 200 °C/Gas: Stufe 4) auf der obersten Schiene 3–5 Minuten goldbraun überbacken.

4 Krabben-Schnittchen mit Schmand, Dill, Kaviar und Zitrone garnieren. Dazu passt ein frischer Gurkensalat. **Getränk:** kühles Mineralwasser.

ZUBEREITUNGSZEIT ca. 45 Min.
PORTION ca. 310 kcal
14 g E · 17 g F · 23 g KH

Wraps mit Feta & Salat

ZUTATEN FÜR 10 STÜCK

- 250 g Möhren
- 1 kleiner Eisbergsalat
- ½ Bund Schnittlauch
- 200 g Fetakäse
- 10 Weizen-Tortillas (z. B. mit Kräutern; ca. 425 g)
- ca. 200 g Joghurt-Dressing (Flasche)
- Pfeffer
- Holzspießchen
- evtl. Papierservietten (keine bunten, da sie färben könnten!)

1 Möhren schälen, waschen und grob raspeln. Salat putzen, waschen und in Streifen schneiden. Schnittlauch waschen und in Röllchen schneiden. Käse zerbröckeln oder fein würfeln.

2 Evtl. Tortillas im vorgeheizten Backofen (E-Herd: 200 °C/Umluft: 175 °C/ Gas: Stufe 3) kurz erwärmen, damit sie nicht brechen. Jeweils 2 Tortillas zur Hälfte überlappend aufeinanderlegen und dünn mit dem Joghurt-Dressing bestreichen. Salat, Möhrenraspel, Schnittlauch und Käse darauf verteilen. Mit Pfeffer würzen.

3 Fladen fest aufrollen und feststecken. Schräg halbieren und die Hälften evtl. am unteren Ende in Servietten wickeln. Restliches Dressing extra reichen. Dazu passen Oliven.

Getränk: kühle Saftschorle

ZUBEREITUNGSZEIT ca. 20 Min.
STÜCK ca. 180 kcal
7 g E · 7 g F · 21 g KH

Praktische Tipps

Statt Möhren zu raspeln, einfach fertigen Möhrensalat aus dem Glas nehmen. Diesen gut abtropfen lassen, damit's nicht durchweicht.

Die Wraps eignen sich auch prima für Picknick, Schule und Büro. Zum Mitnehmen am besten einzeln in Frischhaltefolie wickeln.

Königin-Pasteten mit Pilzen

ZUTATEN FÜR 4 PERSONEN

- 750 g kleine Champignons
- 2 Zwiebeln
- 4 Stiele Thymian oder
  1 TL getrockneter Thymian
- 4 Königin-Pasteten (à ca. 25 g)
- 2 EL Öl
- Salz • Pfeffer
- 2 TL Gemüsebrühe
- 4 EL Crème fraîche
- 4 gestrichene TL Speisestärke
- 2 Tomaten

1 Pilze putzen, waschen und halbieren. Zwiebeln schälen und fein würfeln. Thymian waschen, Blättchen abzupfen.

2 Pasteten im vorgeheizten Backofen (E-Herd: 175 °C/Umluft: 150 °C/Gas: Stufe 2) 5–7 Minuten aufbacken.

3 Öl in einer beschichteten Pfanne erhitzen. Pilze und Zwiebeln darin ca. 5 Minuten braten. Mit Salz, Pfeffer und Thymian würzen. ½ l Wasser und Brühe zufügen, aufkochen. 2–3 Minuten köcheln. Crème fraîche und Stärke verrühren. Die Pilze damit binden.

4 Tomaten waschen, vierteln, entkernen und fein würfeln. Die Pasteten anrichten und mit der Pilzsoße füllen. Tomatenwürfel darüberstreuen. Pastetendeckel daranlegen.
Getränk: kühler Weißwein.

ZUBEREITUNGSZEIT ca. 30 Min.
PORTION ca. 280 kcal
8 g E · 18 g F · 20 g KH

Raffiniert variiert

Die Pilzsoße bekommt mit etwas Zitronensaft oder mit einem Schuss Sherry eine besondere Note.

Statt der Pasteten schmeckt auch Reis dazu. Dann evtl. den Reis mit gerösteten Mandelblättchen bestreuen.

Curry-Rahmsuppe mit Mandeln

ZUTATEN FÜR 4 PERSONEN

- 1 Zwiebel
- 2 EL (30 g) Butter/Margarine
- 2 gehäufte EL (40 g) Mehl
- 1–2 EL Curry
- 200–250 g Schlagsahne
- 3 TL Gemüsebrühe
- Salz • Pfeffer
- 3 EL Mandelblättchen
- 2–3 Stiele Petersilie (z. B. glatte)

1 Zwiebel schälen und fein würfeln. Im heißen Fett glasig dünsten. Mit Mehl und 1 EL Curry bestäuben, unter Rühren kurz anschwitzen.

2 ¾ l Wasser und Sahne einrühren. Aufkochen, Brühe einrühren und Suppe ca. 10 Minuten köcheln. Dabei ab und zu umrühren. Abschmecken.

3 Mandelblättchen in der Pfanne ohne Fett rösten. Petersilie waschen und abzupfen. Suppe anrichten, mit Mandelblättchen und Petersilie garnieren. Dazu schmeckt frisches Baguette.

ZUBEREITUNGSZEIT ca. 30 Min.
PORTION ca. 300 kcal
4 g E · 26 g F · 9 g KH

Artischocken mit drei Soßen

ZUTATEN FÜR 4 PERSONEN

- 2 Bio-Zitronen
- 4 große Artischocken
- Salz • Pfeffer • Cayennepfeffer
- 200 g Doppelrahm-Frischkäse
- 6 EL Milch
- 1 Knoblauchzehe
- 75 g Butter
- 1 frisches Eigelb
- 2 EL Tomatenmark
- 3–4 EL warme Gemüsebrühe
- 1 Schalotte oder kleine Zwiebel
- je 2–3 Stiele Petersilie und Dill
- ½ Bund Schnittlauch
- 4 EL Essig
- Zucker
- 4 EL Öl (z. B. Distelöl)

1 1 Zitrone waschen und halbieren. Artischocken waschen, Stiele abbrechen, evtl. Blattspitzen abschneiden. Schnittstellen mit Zitrone einreiben. Zitrone in Scheiben schneiden, in reichlich Salzwasser aufkochen. Artischocken zugedeckt 30–45 Minuten garen.

2 **Für den Käse-Dip:** 1 Zitrone waschen, halbieren. Von 1 Hälfte die Schale abreiben, Saft auspressen. Frischkäse und Milch glatt verrühren. Knoblauch schälen und durch die Knoblauchpresse hineindrücken. Mit Salz, Pfeffer, Zitronenschale und -saft abschmecken.

3 **Für die Tomaten-Butter:** Butter schmelzen und etwas abkühlen lassen. Eigelb und Tomatenmark mit den Schneebesen des Handrührgerätes cremig schlagen. Butter und Brühe nach und nach darunterschlagen. Mit Salz und Cayennepfeffer abschmecken.

4 **Für die Vinaigrette:** Schalotte schälen und würfeln. Kräuter waschen, abzupfen und hacken. Mit Schalotte, Essig, 2–3 EL Wasser, Salz, Pfeffer und 1 Prise Zucker verrühren. Öl darunterschlagen. Artischocken abtropfen lassen. Alles anrichten, mit übriger Zitronenhälfte garnieren. Dazu passt frisches Weißbrot.
Getränk: kühler Weißwein.

ZUBEREITUNGSZEIT ca. 1 Std.
PORTION ca. 460 kcal
10 g E · 42 g F · 7 g KH

Camembert im Blätterteig

ZUTATEN FÜR 4 PERSONEN

- 2 Platten (à ca. 75 g) TK-Blätterteig
- 1 Ei
- Mehl zum Ausrollen
- 125 g Camembert
- Pfeffer
- 2 EL Mandelblättchen
- einige Blätter Kopfsalat
- 1 reife Birne
- 4 EL Preiselbeeren (Glas)
- Backpapier

1 Teigplatten nebeneinanderlegen und auftauen lassen. Ei trennen. Blätterteig auf leicht bemehlter Arbeitsfläche zu 2 Quadraten (ca. 18 x 18 cm) ausrollen. Jeweils diagonal halbieren.

2 Käse vierteln. Jeweils 1 Stück auf 1 Teigdreieck legen. Mit Pfeffer bestreuen. Blätterteig überschlagen. Teigränder mit verschlagenem Eiweiß bestreichen und gut andrücken.

3 Die Teigtaschen auf ein mit Backpapier ausgelegtes Backblech legen. Mit verquirltem Eigelb bestreichen. Mit Mandeln bestreuen. Im vorgeheizten Ofen (E-Herd: 225 °C/Umluft: 200 °C/Gas: Stufe 4) 10–15 Minuten goldbraun backen.

4 Salat waschen und abtropfen lassen. Birne waschen und in Spalten schneiden. Die Teigtaschen mit Salat, Birne und je 1 EL Preiselbeeren anrichten.
Getränk: kühles Mineralwasser.

ZUBEREITUNGSZEIT ca. 30 Min.
BACKZEIT 10–15 Min.
PORTION ca. 350 kcal
11 g E · 21 g F · 27 g KH

Wer's pikanter mag

Gewürfelten Blauschimmelkäse auf dem Blätterteig verteilen und darin einschlagen. Auch lecker: Dosenpfirsiche gut abtropfen, klein schneiden und zum Käse geben.

Käse-Cocktail mit Nüssen & Mandarinen

ZUTATEN FÜR 4 PERSONEN

- 1 Dose (314 ml) Mandarinen
- 1–2 EL körniger Senf
- 2 EL Vollmilch-Joghurt
- 2 EL Salatcreme
- Salz • Pfeffer
- 50 g Walnusskerne
- 200 g Hartkäse (Stück; z. B. Comté)
- einige Blätter Salat (z. B. Römersalat)
- ½ Bund Schnittlauch

1 Mandarinen abtropfen lassen, den Saft dabei auffangen. Senf, Joghurt und Salatcreme glatt verrühren. Mit 2 EL Saft, Salz und Pfeffer abschmecken.

2 Nüsse, bis auf 4 Hälften, grob hacken. Käse erst in Scheiben, dann in dünne Stifte schneiden. Salat putzen, waschen und, bis auf 4 Blätter, in Streifen schneiden. Käse, Nüsse, Salatstreifen und Mandarinen mit der Senfcreme mischen.

3 Käse-Cocktail mit Salatblättern und Walnusshälften anrichten. Schnittlauch waschen, in Röllchen schneiden und darüberstreuen.
Getränk: trockener Sherry.

ZUBEREITUNGSZEIT ca. 30 Min.
PORTION ca. 380 kcal
18 g E · 28 g F · 14 g KH

Mediterrane Kartoffel-Happen

ZUTATEN FÜR 4 PERSONEN

- 500 g mehlig kochende Kartoffeln
- 75 g Pinienkerne
- 25 g Parmesan (Stück)
- 100 g Fetakäse
- 2–3 Stiele frischer oder etwas getrockneter Thymian
- 4–5 Stiele frischer oder 2–3 TL TK-Basilikum
- 3 EL (30 g) weiche Butter
- Salz • Pfeffer
- Frischhaltefolie

1 Kartoffeln waschen und ca. 20 Minuten kochen. Kerne goldbraun rösten, herausnehmen. Parmesan fein reiben, Feta fein zerbröckeln.

2 Kräuter waschen, Blättchen abzupfen und einige zum Garnieren beiseite legen. Eine rechteckige Form (ca. 15 x 25 cm) mit Folie auslegen. Jeweils die Hälfte Kerne und Kräuter darauf verteilen. Restliche Kerne hacken.

3 Kartoffeln abschrecken und schälen. Mit einem Kartoffelstampfer fein zerstampfen. Butter, Feta, Parmesan, gehackte Kerne und restliche Kräuter zufügen. Alles glatt vermischen. Mit Salz und Pfeffer abschmecken. Die Masse in die Form streichen und mind. 1 Stunde kalt stellen.

4 Die Masse stürzen und die Folie abziehen. Die Masse in ca. 12 Stücke schneiden. Mit den restlichen Kräutern garnieren.

Getränk: kühler Weißwein.

ZUBEREITUNGSZEIT ca. 45 Min.
KÜHLZEIT mind. 1 Std.
PORTION ca. 350 kcal
14 g E · 22 g F · 22 g KH

Griechischer Gemüsetopf

ZUTATEN FÜR 4 PERSONEN

- 500 g Kartoffeln (z. B. vorwiegend festkochend)
- 2 Zwiebeln
- 2 Knoblauchzehen
- 2 mittelgroße Auberginen
- 2 mittelgroße Zucchini
- 3 Stangen Staudensellerie
- 5 Tomaten
- 5–6 Stiele Oregano
- 4 EL Olivenöl
- Salz • Pfeffer
- evtl. etwas Chilipulver
- 1 TL Gemüsebrühe
- 2–3 EL schwarze Oliven

1 Kartoffeln schälen, waschen und grob würfeln. Zwiebeln und Knoblauch schälen, fein würfeln bzw. hacken. Gemüse putzen, waschen und in Stücke schneiden. Oregano waschen und, bis auf etwas zum Garnieren, hacken.

2 2 EL Öl im großen Topf erhitzen. Kartoffeln darin unter Wenden ca. 5 Minuten anbraten. Zwiebeln und Knoblauch kurz mitbraten. Mit Salz und Pfeffer würzen, herausnehmen. 2 EL Öl im Bratfett erhitzen. Auberginen und Zucchini darin unter Wenden kurz anbraten.

3 Sellerie, Tomaten, Kartoffeln, Zwiebeln und Knoblauch zufügen. Mit Salz, Chili und Oregano würzen. Mit $\frac{1}{4}$–$\frac{3}{8}$ l Wasser ablöschen, Brühe einrühren. Aufkochen und zugedeckt ca. 30 Minuten garen. Oliven zufügen, nochmals abschmecken. Mit Rest Oregano garnieren.

ZUBEREITUNGSZEIT ca. 1 Std.
PORTION ca. 240 kcal
6 g E · 13 g F · 24 g KH

Löffel für Löffel lecker

Warum lieben alle Suppen? Weil sie die Seele wärmen und den Gaumen streicheln!

Kartoffelsuppe mit Forellenkaviar

ZUTATEN FÜR 4 PERSONEN

- 1–1,5 kg mehlig kochende Kartoffeln
- 1 große Möhre
- evtl. 1 große Petersilienwurzel
- ¼ Sellerieknolle
- 1 Zwiebel
- 3 EL Butter
- 3 TL Gemüsebrühe
- 1 TL getrockneter Majoran
- Salz • Pfeffer
- 125 g Schlagsahne
- 4 EL Forellenkaviar (Glas)
- evtl. Basilikum zum Garnieren

1 Kartoffeln, Möhre, Petersilienwurzel und Sellerieknolle schälen, waschen und in kleine Stücke schneiden. Zwiebel schälen und fein würfeln.

2 Butter in einem Topf erhitzen. Gemüse und Zwiebel darin andünsten. Mit ca. ¾ l Wasser ablöschen und aufkochen. Brühe und Majoran einrühren und zugedeckt ca. 20 Minuten köcheln.

3 Alles durch ein Sieb streichen oder pürieren. Mit Salz und Pfeffer abschmecken. Sahne steif schlagen. Hälfte Sahne unter die Suppe heben. Die Kartoffelsuppe mit je einem Klecks Sahne, etwas Forellenkaviar und Basilikum anrichten.

ZUBEREITUNGSZEIT ca. 45 Min.
PORTION ca. 360 kcal
10 g E · 21 g F · 31 g KH

Schon mal probiert?

Der rötliche, großperlige Forellenkaviar besteht aus den Eier des Süßwasserfisches. Der Rogen schmeckt leicht salzig und gar nicht „fischig“. Passt auch gut zu gekochten Eiern und Baked Potatoes mit Sour Cream.

Vegetarischer Borschtsch

ZUTATEN FÜR 4 PERSONEN

- 500 g Rote Bete
- 1 mittelgroße Stange Porree (Lauch)
- 2–3 Möhren (200 g)
- 500 g Weißkohl
- 500 g Kartoffeln
- 1 kleine Gemüsezwiebel
- 2 EL Öl
- 1–2 EL Gemüsebrühe
- 2 EL Sonnenblumenkerne
- Salz • Pfeffer
- Zucker
- 2–3 EL Essig (z. B. Balsamico)
- ½ Bund Dill
- ca. 200 g Schmand oder Crème fraîche

1 Gemüse und Kartoffeln putzen bzw. schälen und waschen. Rote Bete in Stifte, Porree in Ringe und Möhren in Scheiben schneiden. Kohl vierteln, Strunk herausschneiden. Kohl in Streifen schneiden. Kartoffeln würfeln. Zwiebel schälen und hacken.

2 Öl in einem großen Topf erhitzen. Zwiebel, Kohl, Rote Bete und Kartoffeln darin andünsten. Mit 1½ l Wasser ablöschen, aufkochen. Brühe einrühren. Alles zugedeckt ca. 15 Minuten köcheln. Möhren und Porree weitere 10 Minuten mitköcheln.

3 Kerne ohne Fett rösten. Borschtsch mit Salz, Pfeffer, 1 Prise Zucker und Essig abschmecken. Dill waschen und fein schneiden. Borschtsch mit je einem Klecks Schmand anrichten. Mit Dill und Kernen bestreuen.

ZUBEREITUNGSZEIT ca. 1¼ Std.
PORTION ca. 380 kcal
10 g E · 21 g F · 36 g KH

Spart Zeit und Arbeit

Oft gibt's in der Gemüseabteilung bereits geschälte, vorgegarte Rote Bete. Die vakuumverpackten Knollen halten sich im Kühlschrank 2–3 Wochen. Einfach klein schneiden und nur etwa 15 Minuten in der Suppe erhitzen.

Bohnentopf mit Feta

ZUTATEN FÜR 4 PERSONEN

- 750 g–1 kg Schneidebohnen
- 1–2 Bund Lauchzwiebeln
- 3 mittelgroße Tomaten
- 4 mittelgroße Kartoffeln
- 2 Knoblauchzehen
- 2–3 Stiele Minze
- 4–5 Stiele Petersilie
- 5–7 EL Olivenöl
- Salz • Pfeffer
- 1 Dose (425 ml) große weiße Bohnenkerne
- 150–200 g Fetakäse

1 Bohnen und Lauchzwiebeln putzen, waschen und klein schneiden. Tomaten waschen und grob würfeln. Kartoffeln schälen und waschen. Knoblauch schälen und hacken. Kräuter waschen, abzupfen und fein schneiden.

2 Öl im großen Topf erhitzen. Lauchzwiebeln und Knoblauch darin andünsten. Tomaten ca. 5 Minuten mitdünsten. Kartoffeln, Schneidebohnen und Kräuter zufügen. Würzen. ¾–1 l Wasser angießen, bis die Bohnen bedeckt sind. Alles aufkochen und zugedeckt 30–35 Minuten köcheln.

3 Bohnenkerne abtropfen lassen, zufügen und weitere 5–10 Minuten köcheln. Alles abschmecken. Käse fein zerbröckeln und darüberstreuen. Dazu passen Sesamkringel oder Fladenbrot.

ZUBEREITUNGSZEIT ca. 1¼ Std.
PORTION ca. 390 kcal
16 g E · 20 g F · 33 g KH

Tortellini in Brühe mit Rucola & Parmesan

ZUTATEN FÜR 4 PERSONEN

- 100 g getrocknete Tortellini mit fleischloser Füllung
- Salz • Pfeffer
- 1 Knoblauchzehe
- 2 kleine Zwiebeln
- 1 kleines Bund Suppengrün
- 1 EL Butter/Margarine
- 1–2 EL Gemüsebrühe
- ½ TL getrocknete Kräuter der Provence
- 50 g Rucola (Rauke) oder Petersilie
- etwas Parmesan (Stück)

1 Tortellini in kochendem Salzwasser 16–20 Minuten (s. Packungsanweisung) garen. Abtropfen lassen.

2 Knoblauch und Zwiebeln schälen. Beides grob würfeln. Suppengrün putzen bzw. schälen, waschen und klein schneiden. Fett in einem Topf erhitzen. Knoblauch, Zwiebeln und Suppengrün darin andünsten.

3 Alles mit 1 l Wasser ablöschen, aufkochen. Brühe und getrocknete Kräuter einrühren und zugedeckt ca. 10 Minuten köcheln.

4 Rucola putzen, waschen und klein schneiden. Brühe durch ein feines Sieb in einen Topf gießen, abschmecken. Brühe nochmals aufkochen. Tortellini kurz darin erhitzen. Parmesan hobeln und mit dem Rucola darüberstreuen.

ZUBEREITUNGSZEIT ca. 35 Min.
PORTION ca. 200 kcal
8 g E · 10 g F · 18 g KH

Einkaufs-Tipp

Getrocknete Tortellini gibt es in verschiedenen fleischlosen Varianten, z. B. mit Füllungen aus Spinat, Käse oder Pilzen.

Gemüse-Eintopf mit Käseflädle

ZUTATEN FÜR 4 PERSONEN

- 50 g Gouda (Stück)
- 2 Eier
- ⅛ l Milch
- 100 g Mehl
- Salz • Muskat • Pfeffer
- 1 kg Möhren
- 2 Kohlrabi (ca. 500 g)
- 1 Bund Lauchzwiebeln
- 150 g Zuckerschoten oder TK-Erbsen
- 1 EL + 4 TL Öl
- 2 gestrichene EL Gemüsebrühe

1 Käse fein reiben. Eier, Milch und Mehl glatt verrühren. Mit Salz und Muskat würzen. Käse, bis auf etwas, unter den Teig rühren. Zugedeckt ca. 10 Minuten quellen lassen.

2 Inzwischen Gemüse putzen bzw. schälen, waschen. Möhren in dicke Scheiben, Kohlrabi in Stifte und Lauchzwiebeln in Ringe schneiden. Zuckerschoten evtl. quer halbieren.

3 1 EL Öl in einem großen Topf erhitzen. Möhren und Kohlrabi darin andünsten. 1½ l Wasser angießen. Aufkochen und Brühe darin auflösen. Zugedeckt bei mittlerer Hitze 10–12 Minuten garen. Lauchzwiebeln und Schoten bzw. TK-Erbsen ca. 5 Minuten mitgaren.

4 4 TL Öl portionsweise in einer beschichteten Pfanne (ca. 18 cm Ø) erhitzen. Aus dem Teig 4 dünne Pfannkuchen backen. Fest aufrollen und in dünne Scheiben schneiden. Eintopf mit Salz und Pfeffer abschmecken. Flädle darin erhitzen. Mit Rest Käse bestreuen.

ZUBEREITUNGSZEIT ca. 1¼ Std.
PORTION ca. 400 kcal
18 g E · 17 g F · 41 g KH

Tomatensuppe mit Pesto

ZUTATEN FÜR 4 PERSONEN

- 1 große Stange Porree (Lauch)
- 1 Knoblauchzehe
- 1 EL Olivenöl
- 2 EL Tomatenmark
- 1 Dose (850 ml) Tomaten
- 1 TL getrocknete italienische Kräuter
- 2 TL Gemüsebrühe
- 75 g Suppennudeln (z. B. Hörnchen)
- Salz • Pfeffer • etwas Zucker
- ½ Bund glatte Petersilie
- 150 g Kirschtomaten
- 4 TL Pesto (Glas)

1 Porree putzen, waschen und in feine Ringe schneiden. Knoblauch schälen und fein hacken.

2 Öl in einem großen Topf erhitzen. Knoblauch und Porree darin andünsten, ca. 4 EL herausnehmen. Tomatenmark darin anschwitzen. Tomaten samt Saft zufügen und etwas zerkleinern. ¼ l Wasser, getrocknete Kräuter und Brühe einrühren. Aufkochen und zugedeckt ca. 20 Minuten köcheln.

3 Nudeln in kochendem Salzwasser ca. 10 Minuten bissfest garen. Petersilie waschen und fein schneiden.

4 Suppe pürieren und abschmecken. Kirschtomaten waschen, halbieren und darin erhitzen. Nudeln abgießen. Mit übrigem Porree in die Suppe geben. Mit je 1 TL Pesto anrichten. Mit Petersilie bestreuen.

ZUBEREITUNGSZEIT ca. 35 Min.
PORTION ca. 210 kcal
6 g E · 9 g F · 24 g KH

Gut zu wissen

Die Nudeln garen in der Suppe noch etwas nach. Damit sie dann nicht zu matschig werden, vorher nur bissfest kochen.

Gekühlte Paprika-Joghurtsuppe

ZUTATEN FÜR 4 PERSONEN

- 4 kleine Paprikaschoten (z. B. rot, gelb und grün)
- ½ Bund Lauchzwiebeln
- 4–5 EL Oliven (ohne Stein; schwarze oder paprikagefüllte)
- 75 g Rucola (Rauke) oder Petersilie
- 2 Knoblauchzehen
- 1–1,2 kg Vollmilch-Joghurt
- ca. 150 ml Milch
- 2–4 EL Öl (z. B. Olivenöl)
- Salz • Pfeffer
- evtl. Edelsüß-Paprika

1 Paprika und Lauchzwiebeln putzen und waschen. Paprika fein würfeln und Lauchzwiebeln in feine Ringe schneiden. Oliven grob hacken. Rucola putzen, waschen und in Streifen schneiden. Knoblauch schälen und durch eine Knoblauchpresse zum Joghurt drücken.

2 Joghurt mit Knoblauch, Milch und Öl glatt verrühren. Mit Salz, Pfeffer und Edelsüß-Paprika abschmecken. Paprika, Lauchzwiebeln, Rucola und Oliven, jeweils bis auf etwas zum Bestreuen, unterrühren. Anrichten und mit restlichem Gemüse bestreuen. Dazu schmecken frische Roggen-Brötchen.

ZUBEREITUNGSZEIT ca. 30 Min.
PORTION ca. 310 kcal
14 g E · 19 g F · 19 g KH

Damit's perfekt gelingt

... wählen Sie für die Suppe am besten cremig gerührten Joghurt. Wenn Sie Kalorien sparen möchten: Es gibt ihn auch in der fettarmen Variante.

Paprika und Lauchzwiebeln möglichst fein würfeln. Wenn Sie keine rohen Zwiebeln mögen oder vertragen, dünsten Sie sie in etwas Olivenöl kurz an.

Bunte Beeren-Kaltschale

ZUTATEN FÜR 4 PERSONEN

- 750 g gemischte Beeren (z. B. 150 g Heidelbeeren, je 200 g Himbeeren, rote Johannis- und Stachelbeeren)
- 1 l Aprikosen- oder Kirschnektar
- 1 gehäufter EL (15 g) Speisestärke
- 3–4 EL Zucker
- einige Spritzer Zitronensaft
- 150 g Sahnejoghurt oder Schmand
- evtl. Minze zum Verzieren

1 Heidel- und Himbeeren verlesen und vorsichtig waschen. Johannisbeeren waschen und von den Rispen streifen. Stachelbeeren waschen und putzen.

2 Stachelbeeren, Johannisbeeren und Nektar aufkochen. Zugedeckt 2–3 Minuten köcheln. Stärke und 3–4 EL Wasser glatt rühren. Einrühren und unter Rühren ca. 3 Minuten köcheln.

3 Kaltschale mit Zucker und Zitronensaft abschmecken, auskühlen lassen. Heidel- und Himbeeren unterheben. 1–2 Stunden kalt stellen. Mit je 1 Klecks Joghurt und Minze anrichten. Dazu schmecken Butterwaffeln.

ZUBEREITUNGSZEIT ca. 30 Min.
AUSKÜHL-/KÜHLZEIT 2–3 Std.
PORTION ca. 250 kcal
4 g E · 4 g F · 48 g KH

Extra-Tipps

Die kalte Fruchtsuppe schmeckt an heißen Tagen auch als erfrischende Hauptmahlzeit. Als Dessert reicht sie für 6–8 Personen.

Etwa ein Viertel des Fruchtnektars können Sie auch durch Weißwein oder Sekt ersetzen.

Rahmpilze im Püreerand

ZUTATEN FÜR 4 PERSONEN

- 1,5 kg mehlig kochende Kartoffeln
- Salz • Pfeffer • Muskat
- 1 kg kleine Champignons
- 1 mittelgroße Zwiebel
- einige Stiele frischer oder etwas getrockneter Majoran
- 1–2 EL Öl
- 1–2 EL Zitronensaft
- 2 EL weiche Butter/Margarine
- ca. ⅜ l Milch
- Fett für die Form
- 75 g Emmentaler oder Gouda (Stück)
- 250 g Schmand oder Crème fraîche

1 Kartoffeln schälen, waschen und in Salzwasser ca. 20 Minuten kochen. Pilze putzen, waschen, evtl. halbieren. Zwiebel schälen und fein würfeln. Majoran waschen, fein hacken.

2 Pilze im heißen Öl rundherum 5–6 Minuten braten. Zwiebel zufügen, mitbraten. Mit Salz, Pfeffer, Hälfte Majoran und Zitronensaft würzen.

3 Kartoffeln abgießen und fein zerstampfen. Nach und nach Fett und Milch zugeben. Püree mit Salz und Muskat abschmecken. Als Boden und Rand in eine große flache gefettete Auflaufform füllen. Oder das Püree mit dem Spritzbeutel (große Sterntülle) spiralförmig hineinspritzen. Pilze in der Mitte verteilen.

4 Käse reiben. Hälfte Käse und Schmand verrühren. Mit Salz, Pfeffer und Rest Majoran würzen. Auf den Pilzen verteilen. Rest Käse darüberstreuen. Im vorgeheizten Backofen (E-Herd: 200 °C/Umluft: 175 °C/Gas: Stufe 3) 20–25 Minuten überbacken.
Getränk: kühles Mineralwasser.

ZUBEREITUNGSZEIT ca. 1¼ Std.
PORTION ca. 590 kcal
24 g E · 29 g F · 53 g KH

Heiß begehrte Ofen-Hits

Das Tolle an Aufläufen & Co: Sie lassen sich prima vorbereiten und garen dann später im Ofen wie von selbst

Kartoffel-Linsen-Auflauf

ZUTATEN FÜR 4 PERSONEN

- 75 g braune Linsen
- Salz • Muskat • Pfeffer
- 1 Bund Suppengrün
- 75 g rote Linsen
- 1 kg Kartoffeln
- ⅜ l + ⅛ l Milch
- 1 EL + etwas Butter/Margarine
- 3 Eier
- 150 g saure Sahne
- 75 g Doppelrahm-Frischkäse
- 75 g Gouda (Stück)

1 Linsen abspülen, in 1 l leicht gesalzenem Wasser ca. 45 Minuten kochen. Suppengrün putzen bzw. schälen, waschen und fein würfeln.

2 Suppengrün nach ca. 25 Minuten, rote Linsen nach ca. 35 Minuten zu den Tellerlinsen geben und mitgaren. Kartoffeln schälen, waschen und in Salzwasser ca. 20 Minuten kochen.

3 Kartoffeln abgießen und fein zerstampfen. ⅜ l Milch und 1 EL Fett zufügen. Mit Salz und Muskat würzen. Kartoffelpüree in eine gefettete Auflaufform streichen.

4 Linsengemüse abgießen und auf dem Kartoffelpüree verteilen. Eier gut verquirlen. Mit Sahne, Frischkäse und ⅛ l Milch glatt verrühren, würzen. Über den Auflauf gießen. Gouda reiben und darüberstreuen. Im vorgeheizten Backofen (E-Herd: 200 °C/Umluft: 175 °C/Gas: Stufe 3) 25–35 Minuten backen.
Getränk: kühles Bier.

ZUBEREITUNGSZEIT ca. 1½ Std.
PORTION ca. 580 kcal
31 g E · 25 g F · 56 g KH

Spaghetti-Muffins mit Tomatensoße

ZUTATEN FÜR 3–4 PERSONEN

- 250 g Spaghetti
- Salz • Pfeffer • Zucker
- 1 kleine Zucchini
- 5 getrocknete Tomaten in Öl (Glas)
- je 3–4 Stiele frischer oder je ½ TL getrockneter Oregano und Majoran
- 200 ml Milch
- 3 Eier
- Fett fürs Blech
- 50 g Gouda (Stück)
- 1 Zwiebel
- 1 EL Öl
- 1 EL Tomatenmark
- 200 g stückige Tomaten (Packung)
- Backpapier

1 Spaghetti in reichlich kochendem Salzwasser 8–10 Minuten bissfest garen. Zucchini putzen, waschen und würfeln. Getrocknete Tomaten in kleine Stücke schneiden. Kräuter waschen und, bis auf 2 Stiele Majoran, fein hacken. Milch und Eier verquirlen, mit Salz, Pfeffer und gehackten Kräutern würzen. Spaghetti abgießen und abschrecken.

2 8 Mulden vom Muffinblech fetten und den Boden mit je einem Stück Backpapier auslegen. Käse raspeln. Getrocknete Tomaten, Zucchini und Spaghetti mischen und in die 8 Mulden verteilen, Nudeln dabei zu Nestern drehen. Mit Eiermilch auffüllen, mit Käse bestreuen. Im vorgeheizten Backofen (E-Herd: 200 °C/ Umluft: 175 °C/Gas: Stufe 3) 25–30 Minuten backen.

3 Zwiebel schälen, fein würfeln. Öl im Topf erhitzen. Zwiebel darin andünsten. Tomatenmark kurz mit anschwitzen. Mit stückigen Tomaten und 5 EL Wasser ablöschen, mit Salz, Pfeffer und Zucker würzen. Offen ca. 10 Minuten köcheln.

4 Spaghetti-Muffins mit der Tomatensoße anrichten, mit Rest Majoran garnieren. Dazu passt ein bunter Salat. **Getränk:** roter Landwein.

ZUBEREITUNGSZEIT ca. 45 Min.
PORTION ca. 430 kcal
20 g E · 14 g F · 52 g KH

Extra-Tipps

Stückige Tomaten gibt's auch schon mit Oliven, Knoblauch oder Kräutern gewürzt.

Garen Sie die Spaghetti nur bissfest, damit sie beim Backen nicht zu weich werden.

Möhren-Broccoli-Gratin

ZUTATEN FÜR 4 PERSONEN

- 600 g Möhren
- 800 g Kartoffeln
- 1 kg Broccoli
- 2 TL Gemüsebrühe
- 2 EL (30 g) Butter/Margarine
- 2 leicht gehäufte EL (30 g) Mehl
- 300 ml Milch
- Salz • Pfeffer
- Fett für die Form
- 100 g Gouda (Stück)
- 4 EL Sonnenblumenkerne

1 Möhren und Kartoffeln schälen, waschen und klein schneiden. Broccoli putzen, waschen und in Röschen teilen.

2 Kartoffeln in gut ½ l Wasser mit Brühe ca. 15 Minuten kochen. Möhren nach ca. 5 Minuten, Broccoli nach ca. 10 Minuten mitgaren. Abtropfen lassen, ¼ l Brühe dabei auffangen.

3 Fett erhitzen. Mehl darin goldgelb anschwitzen. Mit der Brühe und Milch unter Rühren ablöschen. Aufkochen und ca. 5 Minuten köcheln. Abschmecken.

4 Gemüse und Kartoffeln in 4 kleine oder 1 große gefettete Auflaufform verteilen. Käse reiben. Soße, Käse und Kerne über das Gemüse verteilen.

5 Im vorgeheizten Backofen (E-Herd: 225 °C/Umluft: 200 °C/Gas: Stufe 4) ca. 10 Minuten goldbraun überbacken. **Getränk:** kühles Mineralwasser.

ZUBEREITUNGSZEIT ca. 35 Min.
PORTION ca. 490 kcal
24 g E · 22 g F · 45 g KH

Servier-Tipp

Wenn Sie Gäste erwarten, bereiten Sie das Gratin doch einfach mal in Portionsförmchen zu. Darin sieht's gleich so fein aus wie im Restaurant.

Tomaten-Bohnen-Auflauf mit Mozzarella

ZUTATEN FÜR 4 PERSONEN

- 750 g grüne Bohnen
- 1 kleine Gemüsezwiebel
- 1–2 Knoblauchzehen
- 2 EL Öl
- Salz • Pfeffer
- 1 TL Gemüsebrühe
- 4 mittelgroße Tomaten
- ½ Bund/Töpfchen frischer oder 2 TL getrockneter Thymian
- 2 Mozzarella (à 125 g)
- Fett für die Form

1 Bohnen putzen, waschen und klein schneiden. Zwiebel und Knoblauch schälen und fein würfeln bzw. hacken.

2 Öl im Topf erhitzen. Gemüsezwiebel und Knoblauch darin andünsten. Bohnen zufügen und mitdünsten. Mit Salz und Pfeffer würzen. Mit gut ⅛ l Wasser ablöschen, aufkochen und Brühe einrühren. Zugedeckt bei schwacher Hitze ca. 15 Minuten dünsten.

3 Tomaten waschen und in Scheiben schneiden. Thymian waschen und abzupfen. Mozzarella in Scheiben schneiden. Bohnengemüse samt Gemüsesud und Tomaten in eine flache gefettete Auflaufform schichten. Mit Salz und Pfeffer kräftig würzen. Hälfte Thymian darüberstreuen. Mit Mozzarella belegen und mit restlichem Thymian bestreuen.

4 Auflauf im vorgeheizten Backofen (E-Herd: 225 °C/Umluft: 200 °C/Gas: Stufe 4) 10–15 Minuten goldbraun überbacken. Dazu passen Röstkartoffeln. **Getränk:** kühles Bier.

ZUBEREITUNGSZEIT ca. 1 Std
PORTION ca. 300 kcal
18 g E · 18 g F · 14 g KH

Spinatgratin mit Schmandguss

ZUTATEN FÜR 4 PERSONEN

- 1 kg Blattspinat
- 1 Zwiebel
- 1 EL + etwas Butter/Margarine
- Salz • Pfeffer • evtl. Muskat
- 2 Eier
- 1 Knoblauchzehe
- 250 g Schmand oder Crème fraîche
- 200 ml Milch
- 2 EL Grieß
- 2 EL frisch geriebener Parmesan
- 3 mittelgroße Tomaten
- 3–4 EL Pinienkerne

1 Spinat putzen, gründlich waschen und abtropfen lassen. Zwiebel schälen und fein würfeln. In 1 EL heißem Fett andünsten. Spinat zufügen und zusammenfallen lassen. Mit Salz und Pfeffer würzen.

2 Eier trennen. Knoblauch schälen, würfeln. Mit Eigelb, Schmand, Milch, Grieß und Käse verrühren. Mit Salz, Pfeffer und Muskat würzen. Eiweiß und 1 Prise Salz steif schlagen, darunterheben.

3 Tomaten waschen und in Scheiben schneiden. Mit Spinat und Schmandguss abwechselnd in eine gefettete Auflaufform (ca. 28 cm lang) schichten. Kerne darüberstreuen.

4 Gratin im vorgeheizten Backofen (E-Herd: 225 °C/Umluft: 200 °C/Gas: Stufe 4) ca. 20 Minuten goldbraun backen. Dazu passt frisches Fladenbrot. **Getränk:** kühle Weinschorle.

ZUBEREITUNGSZEIT ca. 1 Std.
PORTION ca. 370 kcal
17 g E · 27 g F · 11 g KH

Kein Putzen

Statt frischen Spinat können Sie auch 750 g TK-Blattspinat verwenden. Drücken Sie ihn gut aus, damit er nicht wässert.

Pikantes Pfirsich-Pfännchen

ZUTATEN FÜR 4 PERSONEN

- 1 Dose (850 ml) Pfirsiche
- 2 Bund Lauchzwiebeln
- 3–4 Stiele frischer oder 1 TL getrockneter Thymian
- 1–2 EL Butter/Margarine
- Fett für die Förmchen
- Pfeffer
- 8 Scheiben (ca. 200 g) junger Gouda
- 4 TL Preiselbeeren (Glas)

1 Pfirsiche abtropfen lassen (Saft anderweitig verwenden). Lauchzwiebeln putzen, waschen und in Ringe schneiden. Thymian waschen und, bis auf etwas zum Garnieren, abzupfen.

2 Lauchzwiebeln im heißen Fett 2–3 Minuten andünsten. Pfirsiche vierteln. Mit den Zwiebeln in 4 gefettete feuerfeste Förmchen oder 1 große Auflaufform geben. Alles mit Thymian und Pfeffer bestreuen. Käse darauf verteilen.

3 Im vorgeheizten Backofen (E-Herd: 225 °C/Umluft: 200 °C/Gas: Stufe 4) 10–15 Minuten überbacken. Mit übrigem Thymian garnieren und mit je 1 TL Preiselbeeren servieren. Dazu schmeckt frisches Baguette.
Getränk: kühler Weißwein.

ZUBEREITUNGSZEIT ca. 25 Min.
PORTION ca. 370 kcal
20 g E · 17 g F · 31 g KH

Fruchtige Variationen

Solch ein Pfännchen schmeckt auch mit Birnenhälften und Gorgonzola köstlich. Oder Sie bereiten es in Anlehnung an Toast Hawaii mit Ananas zu.

Überbackene Broccoli-Nudeln

ZUTATEN FÜR 4 PERSONEN

- 350 g Bandnudeln
- Salz • Pfeffer
- 500 g Broccoli
- 1 mittelgroße Zwiebel
- 2 EL Mandeln (ohne Haut)
- 2 gehäufte EL (30 g) Butter/Margarine
- 2 leicht gehäufte EL (30 g) Mehl
- ¼ l Milch
- 1 TL Gemüsebrühe
- 75–100 g Butterkäse (Stück)
- Fett für die Form

1 Nudeln in kochendem Salzwasser ca. 8 Minuten bissfest garen. Broccoli putzen, waschen und in Röschen teilen. In gut ¼ l kochendem Salzwasser zugedeckt 5–6 Minuten garen.

2 Zwiebel schälen und fein würfeln. Broccoli abtropfen lassen, den Gemüsefond dabei auffangen. Nudeln abgießen. Mandeln grob hacken.

3 Fett erhitzen. Zwiebel darin andünsten. Mehl zufügen und anschwitzen. Gemüsefond, Milch und Brühe einrühren. Ca. 5 Minuten köcheln. Käse reiben. Die Hälfte darin unter Rühren schmelzen. Mit Salz und Pfeffer abschmecken.

4 Nudeln und Broccoli in eine gefettete Auflaufform verteilen. Die Käsesoße gleichmäßig darübergießen. Mit Mandeln und restlichem Käse bestreuen. Im vorgeheizten Backofen (E-Herd: 200 °C/ Umluft: 175 °C/Gas: Stufe 3) 15–20 Minuten überbacken.
Getränk: kühles Mineralwasser.

ZUBEREITUNGSZEIT ca. 1 Std.
PORTION ca. 590 kcal
25 g E · 18 g F · 76 g KH

Kartoffel-Mangold-Gratin

ZUTATEN FÜR 4 PERSONEN

- 750 g festkochende Kartoffeln
- 100 g Parmesan (Stück)
- 400 g Mangold
- 3 mittelgroße Tomaten
- 250 g Champignons
- 1–2 EL Butter/Margarine
- Salz • Pfeffer
- 1 TL getrocknete Kräuter der Provence
- Fett für die Form
- 200 ml Milch • 4 Eier
- evtl. Salatblätter, Oliven und Zwiebel zum Garnieren

1 Kartoffeln waschen und zugedeckt ca. 20 Minuten kochen. Abschrecken, schälen und etwas abkühlen lassen.

2 Parmesan fein reiben. Mangold putzen, waschen und in feine Streifen schneiden. Tomaten waschen. Champignons putzen und waschen. Kartoffeln, Tomaten und Champignons in feine Scheiben schneiden.

3 Pilze im heißen Fett anbraten. Mangold kurz mitdünsten. Mit Salz, Pfeffer und Kräutern würzen. Mit den Kartoffeln und Tomaten in eine gefettete ofenfeste Pfanne oder Quicheform (ca. 26 cm Ø) einschichten.

4 Milch, Eier und die Hälfte Käse verquirlen. Mit Salz und Pfeffer kräftig würzen. Eiermilch über das Gemüse gießen. Rest Käse darüberstreuen. Im vorgeheizten Backofen (E-Herd: 200 °C/Umluft: 175 °C/Gas: Stufe 3) ca. 35 Minuten backen, garnieren.
Getränk: leichter Rotwein.

ZUBEREITUNGSZEIT ca. 1½ Std.
PORTION ca. 380 kcal
25 g E · 18 g F · 27 g KH

Geschichteter Kirsch-Quark-Auflauf

ZUTATEN FÜR 4–6 PERSONEN

- 1 Glas (720 ml) Sauerkirschen
- 3 EL (30 g) Speisestärke
- 1 Stück Schale von 1 Bio-Zitrone
- 3–4 EL + 75 g Zucker
- 3 Eier
- 75 g weiche Butter/Margarine
- 500 g Magerquark
- 250 g Schmand • 5 EL Milch
- 1 Päckchen Soßenpulver „Vanille" (zum Kochen; für ½ l Milch)
- Salz • Fett für die Form
- 9 Lasagneplatten
- 1–2 EL Pinienkerne oder Mandelstifte
- Puderzucker zum Bestäuben

1 Kirschen abtropfen lassen, Saft dabei auffangen. 8 EL Saft und Stärke glatt rühren. Rest Saft, Zitronenschale und 1–2 EL Zucker aufkochen. Mit der angerührten Särke binden und die Kirschen unterheben. Abkühlen lassen, Schale entfernen.

2 Eier trennen. Fett und 75 g Zucker cremig rühren. Eigelb, Quark, Schmand, Milch und Soßenpulver unterrühren. Eiweiß und 1 Prise Salz steif schlagen. Dabei 2 EL Zucker einrieseln lassen. Unter die Quarkcreme heben.

3 Eine hohe eckige Auflaufform (ca. 20 x 30 cm) fetten. 4 EL Quarkcreme hineinstreichen. 3 Lasagneplatten darauf verteilen. Dann Hälfte Quarkcreme und 3 weitere Lasagneplatten daraufgeben. Kompott, übrige Platten und Rest Quarkcreme darauf verteilen. Kerne darüberstreuen. Im vorgeheizten Ofen (E-Herd: 200 °C/Umluft: 175 °C/Gas: Stufe 3) 40–45 Minuten backen. Evtl. gegen Ende zudecken. Mit Puderzucker bestäuben. **Getränk:** kühle Saftschorle.

ZUBEREITUNGSZEIT ca. 1¼ Std.
PORTION ca. 600 kcal
20 g E · 28 g F · 62 g KH

So ist es auch lecker

Dieser süße Auflauf schmeckt ebenso gut als Dessert. Die Menge reicht dann für ca. 8 Personen.

Den Auflauf können Sie natürlich auch mit frischen Kirschen backen. Sie brauchen ca. 500 g und sollten sie vorher entsteinen.

Grießnocken mit Topfenguss

ZUTATEN FÜR 4 PERSONEN

- 1 Vanilleschote
- 1 l Milch
- Schale und 1–2 EL Saft von ½ Bio-Zitrone
- 90 g + 4 gestrichene EL Zucker
- 130 g Grieß
- 3 Eier • Salz
- Fett für die Form
- 1 Dose (850 ml) Aprikosen
- 125 g Speisequark (20 % Fett)
- 4–5 EL Schlagsahne
- evtl. 2 EL Marillenlikör
- 1–2 TL gehackte Pistazien
- evtl. Puderzucker zum Bestäuben

1 Vanilleschote längs aufschneiden, Mark herauskratzen. Milch, Vanilleschote und -mark, Zitronenschale und 90 g Zucker aufkochen. Topf vom Herd ziehen und Grieß einrühren. Aufkochen und unter öfterem Rühren bei schwacher Hitze ca. 5 Minuten ausquellen lassen. Zitronenschale und Vanilleschote entfernen.

2 2 Eier trennen. Eiweiß und 1 Prise Salz steif schlagen, dabei 1 EL Zucker einrieseln lassen. Eigelb mit etwas heißem Grieß verrühren und unter die übrige Grießmasse rühren. Eischnee portionsweise unterheben. Abkühlen lassen.

3 Vom Grießbrei mit 2 angefeuchteten Esslöffeln große Nocken abstechen und in eine gefettete Auflaufform (ca. 30 cm lang) füllen. Aprikosen abtropfen lassen, Saft dabei auffangen. Die Hälfte Aprikosen halbieren und um die Nocken verteilen.

4 Quark, Sahne, 1 Ei und 3 EL Zucker verrühren und über die Nocken gießen. Im vorgeheizten Backofen (E-Herd: 225 °C/Umluft: 200 °C/Gas: Stufe 4) ca. 20 Minuten backen.

5 Übrige Aprikosen, Likör, Zitronensaft und 7–8 EL Aprikosensaft pürieren. Auflauf mit Pistazien bestreuen und mit Puderzucker bestäuben. Aprikosensoße dazureichen.
Getränk: Milchkaffee.

ZUBEREITUNGSZEIT ca. 1 Std.
ABKÜHLZEIT ca. 30 Min.
PORTION ca. 670 kcal
22 g E · 20 g F · 92 g KH

Gemüse-Wok mit Bambussprossen

ZUTATEN FÜR 4 PERSONEN

- 10 g getrocknete Mu-Err-Pilze
- 1 Dose (314 ml) Bambusschösslinge
- 1 kleiner Blumenkohl
- 2 Paprikaschoten (z. B. rot und gelb)
- 300 g grüne Bohnen
- 6–8 Maiskölbchen (frisch oder Glas)
- 2 Zwiebeln
- 1 kleine rote Chilischote
- 2 EL Öl (z. B. Sojaöl)
- 4 EL Sojasoße
- 1–2 EL heller Soßenbinder
- Salz • 1 TL gemahlener Koriander
- 3 Stiele Koriandergrün

1 Pilze abspülen, in 150 ml kaltem Wasser ca. 1 Stunde einweichen. Bambus abtropfen lassen.

2 Blumenkohl, Paprika und Bohnen putzen und waschen. Blumenkohl in kleine Röschen teilen, Bohnen halbieren, Paprika in Streifen schneiden. Maiskölbchen waschen bzw. abtropfen lassen. Zwiebeln schälen und in Spalten schneiden. Chili längs aufschneiden, entkernen, waschen und in feine Ringe schneiden.

3 Öl im Wok oder in einer großen Pfanne erhitzen. Zwiebeln und vorbereitetes Gemüse darin unter Rühren ca. 2 Minuten anbraten. Chili und Bambussprossen zufügen und kurz mitbraten.

4 Pilze mit Einweichwasser und Sojasoße zugießen. Aufkochen und zugedeckt ca. 8 Minuten dünsten. Mit Soßenbinder binden. Mit Salz und gemahlenem Koriander abschmecken. Koriandergrün waschen, abzupfen und darüberstreuen. Dazu schmeckt Reis.
Getränk: kühles Bier.

ZUBEREITUNGSZEIT ca. 45 Min.
EINWEICHZEIT ca. 1 Std.
PORTION ca. 160 kcal
8 g E · 6 g F · 17 g KH

Einfach pfanntastisch

Ob mit Reis, Nudeln oder Kartoffeln – hier zeigen Sie allen, dass Sie richtig was auf der Pfanne (oder im Wok) haben

Bratnudeln mit Pilzen & Ei

ZUTATEN FÜR 3–4 PERSONEN

- 300 g schmale Bandnudeln (z. B. asiatische)
- Salz • Pfeffer
- 1 Glas (212 ml) Maiskölbchen
- 2 Paprikaschoten (z. B. rot und grün)
- 1 mittelgroße Stange Porree (Lauch)
- 100 g Shiitake-Pilze oder braune Champignons
- 1 walnussgroßes Stück (ca. 30 g) frischer oder etwas gemahlener Ingwer
- 125 g Sojabohnen-Keimlinge
- 2 EL Öl
- 2 Eier
- 5–6 EL Sojasoße

1 Nudeln in kochendem Salzwasser ca. 8 Minuten bissfest garen. Dann gut abtropfen lassen.

2 Mais abtropfen lassen, evtl. halbieren. Paprika und Porree putzen, waschen und in Streifen schneiden. Pilze putzen, abreiben und evtl. kreuzweise einritzen. Ingwer schälen, fein schneiden. Keimlinge verlesen und waschen.

3 Öl im Wok oder in einer großen Pfanne erhitzen. Paprika, Porree, Pilze und Ingwer darin unter Rühren ca. 2 Minuten braten. Mit Salz und Pfeffer würzen.

4 Nudeln, Mais und Keimlinge zufügen, weitere ca. 2 Minuten unter Rühren braten. Eier und 2 EL Sojasoße verquirlen. Über Gemüse und Nudeln gießen und unter öfterem Wenden stocken lassen. Mit 3–4 EL Sojasoße und Pfeffer abschmecken.
Getränk: kühle Saftschorle.

ZUBEREITUNGSZEIT ca. 35 Min.
PORTION ca. 330 kcal
19 g E · F 11 g · 37 g KH

Kennen Sie Shiitake-Pilze?

Die aromatischen Baumpilze gibt's frisch und getrocknet, z. B. im Asia-Laden. Die Köpfe sollten fest und trocken sein. Getrocknete Shiitake erst gut waschen und dann einweichen. Das Einweichwasser kann man mitverwenden.

Paprika-Spitzkohl-Pfanne

ZUTATEN FÜR 3 PERSONEN

- 500 g festkochende Kartoffeln
- 2 EL Sesam
- 2–3 EL Öl
- 1 mittelgroßer Spitzkohl (ca. 750 g)
- 1 rote Paprikaschote
- 1 mittelgroße Zwiebel
- evtl. 1 Knoblauchzehe
- Salz • Pfeffer
- evtl. ½–1 TL Gemüsebrühe
- 1 TL Curry
- 150 g Sahnejoghurt

1 Kartoffeln schälen, waschen und längs in Spalten schneiden. Sesam in einer großen Pfanne ohne Fett rösten und herausnehmen.

2 Öl in der Pfanne erhitzen. Die Kartoffelspalten darin offen bei mittlerer Hitze ca. 10 Minuten braten, dabei gelegentlich wenden.

3 Spitzkohl putzen, vierteln und waschen. Strunk entfernen. Kohl in Streifen schneiden. Paprika putzen, waschen und klein schneiden. Zwiebel und Knoblauch schälen, fein würfeln.

4 Kartoffeln mit Salz und Pfeffer würzen. Zwiebel, Knoblauch, Kohl und Paprika kurz mitbraten. ⅛ l Wasser und Brühe einrühren. Alles aufkochen und zugedeckt ca. 10 Minuten weitergaren. Dabei ab und zu wenden.

5 Alles mit Salz, Pfeffer und Curry abschmecken. Joghurt glatt rühren und über die Spitzkohl-Pfanne verteilen. Mit Sesam und evtl. Curry bestreuen.
Getränk: kühles Mineralwasser.

ZUBEREITUNGSZEIT ca. 40 Min.
PORTION ca. 330 kcal
11 g E · 17 g F · 31 g KH

Herzhafte Bohnenpfanne

ZUTATEN FÜR 3 PERSONEN

- 1 kg Dicke Bohnen
- 300 g grüne Bohnen
- Salz • Pfeffer
- 600 g kleine festkochende Kartoffeln
- 2 EL Olivenöl
- 1 Bund Lauchzwiebeln
- 3 mittelgroße Tomaten
- 1 EL Tomatenmark
- 1 TL Gemüsebrühe
- je 2–3 Stiele frischer oder 1 TL getrockneter Majoran und Thymian
- evtl. etwas Zucker

1 Dicke Bohnen enthülsen und waschen. Grüne Bohnen putzen, waschen und halbieren. Dicke Bohnen in kochendem Salzwasser zugedeckt ca. 20 Minuten, grüne Bohnen ca. 15 Minuten mitgaren. Abtropfen lassen.

2 Kartoffeln schälen, waschen und halbieren. Öl in einer großen beschichteten Pfanne erhitzen. Die Kartoffeln darin ca. 20 Minuten braten, dabei gelegentlich wenden. Mit Salz und Pfeffer würzen.

3 Lauchzwiebeln putzen, waschen und in Ringe schneiden. Tomaten waschen und fein würfeln. Beides zu den Kartoffeln geben, ca. 5 Minuten weiterbraten.

4 Tomatenmark, ¼ l Wasser und Brühe einrühren, aufkochen. Gesamte Bohnen zufügen, kurz weiterköcheln. Kräuter waschen, hacken und unterrühren. Mit Salz, Pfeffer und Zucker abschmecken. **Getränk:** kühle Saftschorle.

ZUBEREITUNGSZEIT ca. 1 Std.
PORTION ca. 380 kcal
17 g E · 8 g F · 57 g KH

„Gyros"-Kartoffeln mit Feta

ZUTATEN FÜR 2–3 PERSONEN

- 600–750 g neue Kartoffeln
- 2–3 EL Öl
- 3 kleine Paprikaschoten (z. B. rot, grün und gelb)
- 1 Knoblauchzehe
- ½ kleine Gemüsezwiebel
- 1 TL Gyros-Gewürzsalz
- Salz • Pfeffer
- 2–3 Stiele frischer oder ½ TL getrockneter Thymian
- 1 EL schwarze Oliven
- 100 g Fetakäse
- evtl. eingelegte Peperoni und frische Kräuter zum Garnieren

1 Kartoffeln unter Wasser kräftig abbürsten und abtropfen lassen. Kartoffeln in Spalten schneiden. Im heißen Öl unter öfterem Wenden ca. 20 Minuten goldbraun braten.

2 Paprika putzen, waschen und in feine Streifen schneiden. Knoblauch schälen und hacken. Zwiebel schälen und ca. ⅔ davon in Streifen schneiden.

3 Zwiebelstreifen, Paprika und Knoblauch ca. 10 Minuten vor Ende der Garzeit zu den Kartoffeln geben und mitbraten. Mit Gyros-Gewürz, wenig Salz und Pfeffer würzen.

4 Thymian waschen, Blättchen abzupfen. Mit den Oliven kurz vor Ende der Bratzeit zu den Kartoffeln geben. Käse zerbröckeln. Restliche Zwiebel grob würfeln. Mit dem Feta über die Gyros-Kartoffeln streuen. Mit Peperoni und Kräutern garnieren.

Getränk: weißer oder roter Landwein.

ZUBEREITUNGSZEIT ca. 50 Min.
PORTION ca. 310 kcal
11 g E · 14 g F · 32 g KH

Neue Kartoffeln – aber bitte mit Schale!

Kartoffeln, z. B. neue, ruhig öfter mal mit Schale servieren, denn darunter stecken die meisten Vitalstoffe.

Frühkartoffeln enthalten mehr Wasser und weniger Stärke. Sie haben eine sehr dünne Schale und sind daher kaum lagerfähig. Kaufen Sie nur kleine Mengen und nehmen Sie diese stets aus dem Folienbeutel. Dann trocken und dunkel aufbewahren, denn bei Licht bekommen sie schnell grüne Stellen, die giftiges Solanin enthalten.

Wok-Gemüse mit Cashewkernen

ZUTATEN FÜR 4 PERSONEN

- 500 g Möhren
- 2 kleine Zucchini (300 g)
- 1 Stange Porree (Lauch)
- 1 Dose (314 ml) Bambusschösslinge in Streifen
- 2 Knoblauchzehen
- 250 g Mungobohnen-Keimlinge
- 2 EL Öl
- 100 g Cashewkerne • Salz
- 3–4 EL Sojasoße
- 1 Msp. Gemüsebrühe
- gemahlener Koriander
- ca. ½ TL Sambal Oelek
- 1–2 TL brauner Zucker

1 Möhren schälen und waschen. Zucchini und Porree putzen und waschen. Bambus abtropfen lassen. Gemüse in ca. 4 cm lange Stücke, dann in dünne Stifte schneiden. Knoblauch schälen und in Scheibchen schneiden. Keimlinge verlesen, waschen und abtropfen lassen.

2 1 EL Öl in einem Wok erhitzen. Cashewkerne unter Rühren goldbraun rösten. Herausnehmen, auf Küchenpapier abtropfen lassen und mit Salz bestreuen. 1 EL Öl im Wok erhitzen. Möhren und Porree darin ca. 3 Minuten unter Rühren braten, mit Salz würzen.

3 Zucchini, Knoblauch und Bambus zufügen und weitere 2 Minuten braten. Sojasoße und 75 ml Wasser zugießen und aufkochen. Brühe und Keimlinge unter das Gemüse mischen und aufkochen. Mit Salz, Koriander, Sambal Oelek und braunem Zucker abschmecken. Die Cashewkerne unterrühren. Dazu passt Basmati-Reis.

Getränk: kühles Bier.

ZUBEREITUNGSZEIT ca. 45 Min.
PORTION ca. 280 kcal
10 g E · 17 g F · 20 g KH

So braten Sie im Wok

Alle Zutaten entsprechend der Garzeit nacheinander in recht heißes Öl geben und unter ständigem Rühren nur ein paar Minuten braten. So bleiben wertvolle Inhaltsstoffe und der knackige „Biss" optimal erhalten.

Curry-Reispfanne mit Broccoli

ZUTATEN FÜR 4 PERSONEN

- 500 g Broccoli
- 250 g Vollkorn-Reis
- Salz • Curry • Pfeffer
- 2 TL Gemüsebrühe
- 2 Zwiebeln
- 2 EL Öl
- evtl. 1 EL Tomatenmark
- 2 leicht gehäufte EL (30 g) Mehl
- 150 ml Milch
- 250 g Kirschtomaten
- 40 g Parmesan (Stück)
- evtl. Basilikum zum Garnieren

1 Broccoli putzen, waschen und in Röschen teilen. Reis in ca. ½ l kochendes Salzwasser geben. Zugedeckt ca. 30 Minuten ausquellen lassen. Broccoli zugedeckt ca. 5 Minuten in gut ½ l Wasser mit Brühe garen. Broccoli abtropfen lassen, 400 ml Brühe dabei auffangen.

2 Zwiebeln schälen und in dünne Spalten schneiden. In einer großen Pfanne im heißen Öl andünsten. Tomatenmark, 1 EL Curry und Mehl einrühren und kurz anschwitzen. Brühe und Milch einrühren. Aufkochen und ca. 5 Minuten köcheln.

3 Tomaten waschen und halbieren. Mit Broccoli und Reis in die Soße geben, kurz weiterköcheln. Käse reiben und darunterrühren. Abschmecken, garnieren. **Getränk:** kühle Saftschorle.

ZUBEREITUNGSZEIT ca. 40 Min.
PORTION ca. 400 kcal
17 g E · 10 g F · 58 g KH

Öfter mal genießen

Der nussige Geschmack von Vollkorn-Reis passt gut in die fleischlose Küche. Er enthält im Vergleich zu geschältem weißem Reis wesentlich mehr Vitamine und Mineralstoffe. Außerdem liefert er doppelt so viel Ballaststoffe und kurbelt dadurch die Verdauung an.

Makkaroni-Auflauf mit Feta

ZUTATEN FÜR 4 PERSONEN

- 300 g Nudeln (z. B. Makkaroni)
- Salz • Pfeffer • Muskat
- 500 g Porree (Lauch)
- 1–2 EL + etwas Olivenöl
- 6 mittelgroße Tomaten
- ½ Bund/Töpfchen frischer oder 1 TL getrockneter Oregano
- ½ TL Gemüsebrühe
- 1 EL Tomatenmark
- ¼ l Milch
- 3 Eier
- 2 EL schwarze Oliven (ohne Stein)
- 150 g Fetakäse

1 Nudeln in reichlich kochendem Salzwasser ca. 10 Minuten garen. Abtropfen lassen.

2 Porree putzen, waschen und in Stücke schneiden. In 1–2 EL heißem Öl mit etwas Wasser zugedeckt ca. 7 Minuten dünsten. Mit Salz und Pfeffer würzen.

3 Tomaten waschen und in dicke Scheiben schneiden. Nudeln, Porree und Tomaten abwechselnd in eine leicht geölte Auflaufform schichten.

4 Oregano waschen und abzupfen. 200–250 ml Wasser aufkochen. Brühe und Tomatenmark einrühren. Mit Pfeffer und Oregano würzen. Tomaten-Brühe über Nudeln und Gemüse gießen. Im vorgeheizten Backofen (E-Herd: 200 °C/ Umluft: 175 °C/Gas: Stufe 3) ca. 15 Minuten backen.

5 Milch und Eier verquirlen, würzen. Oliven evtl. halbieren. Käse zerbröckeln und mit den Oliven auf dem Auflauf verteilen. Eiermilch darübergießen, weitere 15–20 Minuten backen.
Getränk: roter Landwein.

ZUBEREITUNGSZEIT ca. 1 Std.
PORTION ca. 540 kcal
27 g E · 20 g F · 60 g KH

Ein Hoch auf die Pasta

Leckere Nudeln sind immer ein Renner.
Vorausgesetzt, man hat die richtigen Rezepte. Hier sind sie!

Penne-Salat mit grünem Spargel

ZUTATEN FÜR 4 PERSONEN

- 250–300 g Penne
- Salz • Pfeffer • Zucker
- 250 g grüner Spargel
- 1 Dose (425 ml) Artischockenherzen
- 1 mittelgroße Zwiebel
- 1 Knoblauchzehe
- 250 g stückige Tomaten (Packung)
- 4 EL Essig (z. B. Rotwein-Essig)
- 5–7 EL Olivenöl
- evtl. Petersilie zum Garnieren

1 Nudeln in reichlich kochendem Salzwasser ca. 10 Minuten garen. Abgießen, abtropfen und abkühlen lassen.

2 Spargel waschen, die Enden großzügig abschneiden. Spargel in Stücke schneiden und in Salzwasser ca. 8 Minuten kochen. Abgießen und abkühlen lassen. Artischocken abtropfen lassen und in Stücke schneiden.

3 Zwiebel und Knoblauch schälen und hacken. Mit Tomaten, Essig, Salz, Pfeffer und 1 Prise Zucker verrühren. Das Öl darunterschlagen.

4 Alles mischen. Ca. 30 Minuten ziehen lassen. Mit Petersilie garnieren.
Getränk: kühler Weißwein.

ZUBEREITUNGSZEIT ca. 35 Min.
ABKÜHLZEIT ca. 30 Min.
MARINIERZEIT ca. 30 Min.
PORTION ca. 450 kcal
13 g E · 15 g F · 63 g KH

Aus der Welt der Pasta

Ob lang oder kurz, dick oder dünn – italienische Pasta lässt keine Wünsche offen. Hier eine kleine Auswahl:

Hohlnudeln sind ideal für alle Soßen. Es gibt z. B. schräg geschnittene **Penne** („Schreibfedern") mit Rillen **(rigate)** und ohne **(lisce)**. **Rigatoni** sind dickere, geriffelte Röhrennudeln.

Geformte Nudeln, wie **Farfalle** (Schleifen), **Fusilli** (Spiralen) und **Gnocchi** (Muscheln) verleihen z. B. Salaten eine schöne Optik.

Lange Nudeln wie **Spaghetti** und **Makkaroni** sind nicht nur bei Kindern beliebt. Als Beilage zu Ragouts oder für festlichere Anlässe werden gerne Bandnudeln serviert. Je nach Breite heißen sie **Tagliatelle**, **Fettuccine** oder **Pappardelle.**

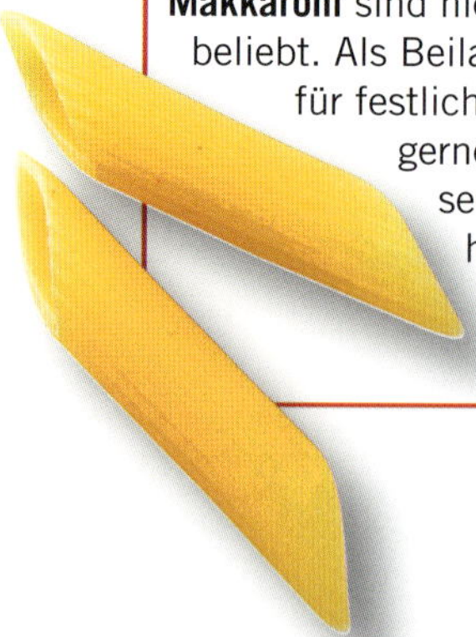

Nudeltopf mit Shiitake & Garnelen

ZUTATEN FÜR 4 PERSONEN

- 8 rohe, geschälte Garnelen (à ca. 20 g; frisch oder TK)
- 2 mittelgroße Möhren (200 g)
- 1 walnussgroßes Stück (30 g) frischer oder etwas gemahlener Ingwer
- 1 Bund Lauchzwiebeln
- 125 g kleine Maiskölbchen (frisch oder Glas)
- 250 g Shiitake-Pilze
- 2 EL Öl
- 1 Packung (250 g) asiatische Weizennudeln (Mie-Nudeln)
- 3–4 TL Gemüsebrühe
- 3–4 EL Sojasoße
- Sambal Oelek • evtl. Salz
- evtl. Petersilie zum Garnieren

1 TK-Garnelen auftauen. Garnelen abspülen und den schwarzen Darm entfernen. Möhren schälen, waschen und in Streifen schneiden. Ingwer schälen, fein hacken. Lauchzwiebeln putzen, waschen. Mais waschen. Beides in Stücke schneiden. Pilze putzen und abreiben. Klein schneiden bzw. kreuzweise einritzen.

2 Öl im Topf erhitzen. Möhren, Mais, Lauchzwiebeln, Pilze und Ingwer darin andünsten. 1½ l Wasser angießen, aufkochen. Nudeln und Brühe zugeben und zugedeckt 2–3 Minuten köcheln.

3 Garnelen in der Suppe 2–3 Minuten ziehen lassen. Mit Sojasoße, Sambal Oelek und Salz abschmecken, garnieren. **Getränk:** kühle Weinschorle.

ZUBEREITUNGSZEIT ca. 40 Min.
EVTL. AUFTAUZEIT ca. 45 Min
PORTION ca. 410 kcal
20 g E · 8 g F · 61 g KH

Asiatische Mie-Nudeln

... werden ausschließlich aus Weizenmehl, Wasser und Salz hergestellt. Achten Sie bitte auf die Garzeit auf der Packung! Sie variiert von 2–3 Minuten für Instant-Produkte bis zu 15 Minuten.

Spaghetti mit Gemüse-Bolognese

ZUTATEN FÜR 4 PERSONEN

- 1 Aubergine
- 1 Zucchini
- 2 kleine Paprikaschoten (z. B. gelb und rot)
- 1 Zwiebel
- 1 Knoblauchzehe
- 1 Dose (850 ml) Tomaten
- 2–3 EL Öl
- 1 TL Gemüsebrühe
- 1 TL getrockneter Oregano
- Salz • Pfeffer • Zucker
- 500 g Vollkorn-Spaghetti
- 40 g italienischer Hartkäse (z. B. Grana Padano; Stück)

1 Aubergine, Zucchini und Paprika putzen, waschen und in kleine Würfel schneiden. Zwiebel und Knoblauch schälen und fein würfeln.

2 Tomaten etwas zerdrücken. Zwiebel, Knoblauch und Gemüse im heißen Öl anbraten. Tomaten samt Saft, ¼ l Wasser, Brühe und Oregano einrühren. Mit Salz, Pfeffer und etwas Zucker würzen. Die Soße offen ca. 15 Minuten köcheln.

3 Nudeln in reichlich kochendem Salzwasser ca. 10 Minuten bissfest garen. Abtropfen lassen.

4 Käse reiben. Bolognese abschmecken und sofort mit den Spaghetti anrichten. Mit Käse bestreuen.
Getränk: trockener Rotwein.

ZUBEREITUNGSZEIT ca. 30 Min.
PORTION ca. 590 kcal
26 g E · 12 g F · 90 g KH

Vollkorn-Nudeln

enthalten wertvolle Vitamine (z. B. B-Vitamine, Vitamin E), mehr Mineral- und wesentlich mehr Ballaststoffe als normale Nudeln. Und durch moderne Herstellungsverfahren schmecken sie nicht mehr so pappig wie früher.

Tortellini-Salat mit Rucola

ZUTATEN FÜR 8–10 PERSONEN

- 500 g getrocknete Tortellini (z. B. mit Käsefüllung)
- Salz • Pfeffer • etwas Zucker
- 2 mittelgroße Zwiebeln
- 6 EL Öl
- ⅛ l Weißwein-Essig
- 1 TL Gemüsebrühe
- 2 TL mittelscharfer Senf
- 1 Dose (425 ml) große weiße Bohnenkerne
- 400 g Kirschtomaten
- 1 Bund Lauchzwiebeln
- ca. 125 g Rucola (Rauke)
- evtl. gehobelter Parmesan zum Garnieren

1 Tortellini in reichlich kochendem Salzwasser 16–18 Minuten garen. Abtropfen lassen. Zwiebeln schälen, fein würfeln. Im heißen Öl andünsten. Mit ⅛ l Wasser und Essig ablöschen, aufkochen. Brühe und Senf einrühren. Abschmecken.

2 Bohnen abspülen, abtropfen lassen. Tomaten waschen und vierteln. Lauchzwiebeln und Rucola putzen und waschen. Beides klein schneiden.

3 Tortellini, Bohnen, Lauchzwiebeln, Rucola, Tomaten und Marinade mischen. Ca. 2 Stunden ziehen lassen. Mit gehobeltem Parmesan garnieren.
Getränk: kühler Weißwein.

ZUBEREITUNGSZEIT ca. 45 Min.
MARINIERZEIT ca. 2 Std.
PORTION ca. 200 kcal
7 g E · 8 g F · 23 g KH

Spaghetti alla siciliana

ZUTATEN FÜR 6 PERSONEN

- 2 Paprikaschoten (z. B. gelb und grün)
- 500 g Auberginen
- Salz • Pfeffer
- 2 mittelgroße Zwiebeln
- 4–5 Knoblauchzehen
- 1 Dose (850 ml) Tomaten
- je 75 g schwarze und grüne Oliven (ohne Stein)
- 1 Bund/Töpfchen Basilikum
- ca. 8 Sardellenfilets (Glas)
- 50 g Kapern (Glas)
- 6 EL Olivenöl
- 600–700 g Spaghetti
- 100 g Pecorino-Käse (Stück)
- Alufolie

1 Paprika putzen, waschen und vierteln. Auf Alufolie im vorgeheizten Backofen (E-Herd: 250 °C/Umluft: 225 °C/Gas: Stufe 5) 15–20 Minuten rösten, bis die Haut dunkle Blasen wirft. Mit feuchtem Küchenpapier zudecken.

2 Auberginen putzen, waschen, würfeln und mit ca. ½ TL Salz bestreuen. Zwiebeln und Knoblauch schälen, hacken. Tomaten abtropfen lassen, Saft dabei auffangen. Tomaten und Oliven grob würfeln. Basilikum waschen und, bis auf etwas, fein schneiden. Sardellen fein hacken. Kapern evtl. grob hacken. Paprika häuten und in Streifen schneiden.

3 Zwiebeln und Knoblauch im heißen Öl andünsten. Auberginen abtupfen. Auberginen und Tomaten ca. 10 Minuten mitdünsten. Paprika, Oliven, Sardellen, Kapern, Basilikum und Tomatensaft zufügen. Mit Pfeffer würzen. Aufkochen und alles zugedeckt ca. 20 Minuten schmoren, dabei mehrmals umrühren.

4 Spaghetti evtl. 2 x durchbrechen. In reichlich kochendem Salzwasser ca. 10 Minuten garen. Soße abschmecken. Spaghetti abgießen, sofort mit der Soße mischen. Käse darüberreiben. Mit Basilikum garnieren.

Getränk: kräftiger Rotwein.

ZUBEREITUNGSZEIT ca. 1 Std.
PORTION ca. 610 kcal
24 g E · 22 g F · 76 g KH

Bandnudeln mit Vier-Käse-Soße

ZUTATEN FÜR 4 PERSONEN

- 1 mittelgroße Zwiebel
- je 75 g Parmesan und Gorgonzola (Stück)
- je 50 g Fontina- und Bel-Paese-Käse (Stück; ersatzw. 100 g Butterkäse)
- 250 g Champignons
- 1–2 EL Sonnenblumenkerne
- 400–500 g Bandnudeln (s. u.)
- Salz • Pfeffer • 1 EL Öl
- ⅛ l Milch
- 1 TL Gemüsebrühe
- 1 mittelgroße Tomate

1 Zwiebel schälen und würfeln. Parmesan reiben. Übrige Käse würfeln. Pilze putzen, waschen und halbieren oder vierteln. Kerne rösten, herausnehmen.

2 Bandnudeln in reichlich kochendem Salzwasser 8–10 Minuten garen.

3 Öl erhitzen, Zwiebel und Pilze darin kräftig anbraten. Mit ¼ l Wasser und Milch ablöschen, aufkochen, Brühe einrühren. Käse zufügen und unter Rühren schmelzen. Bei schwacher Hitze ca. 2 Minuten köcheln. Soße abschmecken.

4 Tomate waschen, entkernen und fein würfeln. Bandnudeln abgießen und mit der Vier-Käse-Soße anrichten. Mit den Tomatenwürfeln und Kernen bestreuen. Dazu passt ein grüner Salat.
Getränk: kühler Roséwein.

ZUBEREITUNGSZEIT ca. 30 Min.
PORTION ca. 670 kcal
34 g E · 26 g F · 70 g KH

Bunte Vielfalt

Ob grün, rot oder schwarz – „bunte" Nudeln bringen Abwechslung auf den Teller: **Grüne** werden mit Spinat, **rote** mit Möhren- oder Rote-Bete-Saft und **schwarze** mit Sepiatinte eingefärbt. **Steinpilz-, Trüffel- oder Bärlauchnudeln** haben ein würziges Aroma.

Übrigens: Italienische Teigwaren werden ausschließlich mit **Hartweizengrieß/-mehl** und meist **ohne Ei** hergestellt. Die deutschen Nudeln sind aus **Weich- und Hartweizen** und enthalten meistens zusätzlich Eier.

Kürbiskern-Pesto zu Fleckerln

ZUTATEN FÜR 4 PERSONEN

- 300 g + etwas Mehl
- 3 Eier (Gr. M)
- 2 EL Sonnenblumenöl
- Salz • Pfeffer
- 2 große Bunde/Töpfchen Basilikum
- 40 g Parmesan (Stück)
- 1 Knoblauchzehe
- 100 ml Kürbiskernöl
- 50 g Kürbiskerne

1 300 g Mehl, Eier, Sonnenblumenöl, ca. 1 TL Salz und 2 EL lauwarmes Wasser mit den Knethaken des Handrührgerätes zu einem glatten Teig verkneten. Den Teig zu einer Kugel formen und zugedeckt ca. 30 Minuten kalt stellen.

2 Basilikum waschen und abzupfen. Parmesan reiben. Knoblauch schälen. Basilikum, bis auf etwas zum Garnieren, Knoblauch, Parmesan, Kürbiskernöl und ⅔ Kerne im Universal-Zerkleinerer fein pürieren bzw. im Mörser fein mahlen, bis eine cremige Konsistenz entsteht. Pesto mit Salz und Pfeffer abschmecken.

3 Nudelteig auf einer leicht bemehlten Arbeitsfläche dünn ausrollen. Mit einem Teigrädchen in ca. 2 cm breite Nudeln (Fleckerln) schneiden und etwas antrocknen lassen. In kochendem Salzwasser 5–6 Minuten garen. Abgießen und mit dem Kürbiskern-Pesto anrichten. Mit Rest Kernen und Basilikum garnieren. **Getränk:** kühle Weinschorle.

ZUBEREITUNGSZEIT ca. 1 Std.
KÜHLZEIT ca. 30 Min.
PORTION ca. 720 kcal
20 g E · 44 g F · 56 g KH

Kennen Sie Kürbiskernöl?

Das dunkelgrüne, fast schwarze Öl wird aus den Kernen der steirischen Ölkürbisse gewonnen. Schon 1–2 EL dieses intensiv nussigen Öls verleihen Salatsoßen eine besondere Note.

Schwäbische Maultaschen mit Spinat

ZUTATEN FÜR 4 PERSONEN

- 250 g + etwas Mehl
- Salz • Pfeffer • Muskat
- 2 Eier (Gr. M)
- 500 g frischer oder 450 g TK-Blattspinat
- 3 mittelgroße Zwiebeln
- 4–5 EL Butter
- 2 EL (30 g) Walnusskerne
- 1–2 EL Paniermehl
- 1 Eiweiß
- 4 mittelgroße Tomaten

1 250 g Mehl, ½ TL Salz, Eier und 3–4 EL Wasser zum glatten Teig verkneten. Ca. 30 Minuten kalt stellen.

2 Frischen Spinat putzen, waschen, grob schneiden. Zwiebeln schälen und würfeln. 2 EL Butter in einem Topf erhitzen. ⅓ Zwiebeln darin andünsten. Spinat zugeben und zusammenfallen lassen (TK-Spinat ca. 14 Minuten auftauen lassen), würzen. Nüsse hacken und untermischen. Paniermehl unterrühren.

3 Nudelteig auf etwas Mehl zu 2 dünnen Platten (à ca. 30 x 32 cm) ausrollen. Eine mit Eiweiß bestreichen. 16–20 Portionen Spinatfüllung in gleichmäßigen Abständen auf eine Teigplatte verteilen. Mit der 2. Platte abdecken. Zwischenräume gut andrücken und Maultaschen ausradeln oder -schneiden.

4 Maultaschen in siedendem Salzwasser 10–12 Minuten garen. Inzwischen Tomaten putzen, waschen, entkernen und fein würfeln. 2–3 EL Butter erhitzen. Rest Zwiebeln und Tomaten darin kurz dünsten. Alles anrichten.
Getränk: kühler Weißwein.

ZUBEREITUNGSZEIT ca. 1 Std.
KÜHLZEIT ca. 30 Min.
PORTION ca. 350 kcal
14 g E · 14 g F · 39 g KH

Lasagne auf mexikanische Art

ZUTATEN FÜR 6–8 PERSONEN

- 2 Gemüsezwiebeln (ca. 700 g)
- 2 Dosen (à 425 ml) Kidney-Bohnen
- 1 Dose (425 ml) Maiskörner
- 2 Bund Lauchzwiebeln
- ½–1 rote Chilischote
- 2–3 Knoblauchzehen
- 2 EL Öl
- 1 Dose (850 ml) Tomaten
- 2–3 EL Tomaten-Ketchup
- Salz • Pfeffer • Zucker
- 200 g Gouda (Stück)
- Fett für die Form
- 250 g Schmand oder Crème fraîche
- 12 Lasagneplatten

1 Zwiebeln schälen und würfeln. Bohnen und Mais abspülen und abtropfen lassen. Lauchzwiebeln putzen, waschen und in Ringe schneiden. Chili entkernen, waschen und fein hacken. Knoblauch schälen, hacken oder durchpressen.

2 Öl erhitzen. Gemüsezwiebeln darin andünsten. Knoblauch, Lauchzwiebeln und Chili zufügen und ca. 2 Minuten mitdünsten. Tomaten samt Saft, Ketchup, Bohnen und Mais zufügen. Alles ca. 5 Minuten köcheln. Mit Salz, Pfeffer und etwas Zucker abschmecken.

3 Käse fein reiben. Boden einer gefetteten Auflaufform (ca. 20 x 30 cm) mit 3–4 EL Schmand bestreichen. Abwechselnd Lasagneplatten, Gemüse und ⅔ Käse einschichten. Mit Gemüse abschließen. Rest Schmand und Käse darauf verteilen. Im vorgeheizten Backofen (E-Herd: 200 °C/Umluft: 175 °C/Gas: Stufe 3) ca. 35 Minuten backen.
Getränk: trockener Rotwein.

ZUBEREITUNGSZEIT ca. 1 Std.
PORTION ca. 450 kcal
23 g E · 18 g F · 46 g KH

Überbackene Spätzle mit Spitzkohl

ZUTATEN FÜR 4 PERSONEN

- 1 kleiner Spitz- oder Weißkohl (ca. 500 g)
- 500 g Champignons
- 1 mittelgroße Zwiebel
- 300 g Spätzle
- Salz • Pfeffer
- 3–4 EL Butter/Margarine
- ½–1 TL Gemüsebrühe
- 125 g Crème fraîche
- Fett für die Form
- 100–150 g geriebener Gouda

ZUBEREITUNGSZEIT ca. 30 Min.
PORTION ca. 610 kcal
26 g E · 28 g F · 60 g KH

1 Spitzkohl putzen, waschen und in Streifen schneiden. Champignons putzen und, je nach Größe, halbieren oder vierteln. Zwiebel schälen und in dünne Ringe schneiden.

2 Spätzle in reichlich kochendem Salzwasser 12–14 Minuten garen. Kohl in 1 EL heißem Fett ca. 8 Minuten dünsten. Würzen, herausnehmen. 1–2 EL Fett im Bratfett erhitzen. Pilze darin anbraten.

3 Ca. ⅛ l Wasser angießen und aufkochen. Brühe und Crème fraîche einrühren und abschmecken. Die Spätzle abtropfen lassen. Alles in 4 kleine oder 1 große gefettete Auflaufform füllen.

4 Käse darüberstreuen. Im vorgeheizten Backofen (E-Herd: 200 °C/Umluft: 175 °C/Gas: Stufe 3) ca. 10 Minuten überbacken. Zwiebel in 1 EL heißem Fett goldbraun braten. Auf die Spätzle streuen.

Schaum-Omelett mit feinem Gemüse

ZUTATEN FÜR 2 PERSONEN

- 5 Eier
- Salz • Pfeffer
- ca. 2 TL Zitronensaft
- 1 gehäufter EL (15 g) Speisestärke
- 2 TL Öl
- 500 g kleine Möhren
- 150 g Zuckerschoten oder TK-Erbsen
- 150 g Champignons
- 1 TL Gemüsebrühe
- 1 TL Butter/Margarine
- 2 EL Crème fraîche
- 2–3 EL heller Soßenbinder
- evtl. Kerbel und Bio-Zitrone zum Garnieren

1 Eier trennen. Eiweiß und 1 Prise Salz steif schlagen. Eigelb und 1 TL Zitronensaft verrühren. Mit der Stärke unter den Eischnee heben.

2 Je 1 TL Öl in 2 beschichteten Pfannen erhitzen. Je die Hälfte Eiermasse hineingeben und zugedeckt bei schwacher Hitze ca. 20 Minuten stocken lassen.

3 Inzwischen Möhren schälen und waschen. Zuckerschoten und Champignons putzen, waschen und halbieren oder vierteln. Möhren in ⅜ l kochendem Wasser mit Brühe ca. 10 Minuten garen. Zuckerschoten ca. 4 Minuten mitgaren.

4 Gemüse abtropfen lassen, Fond auffangen. Champignons im heißen Fett kräftig anbraten. Mit dem Fond ablöschen, aufkochen. Crème fraîche unterrühren. Mit Soßenbinder binden. Gemüse darin erwärmen. Mit Salz, Pfeffer und ca. 1 TL Zitronensaft abschmecken.

5 Omelett auf Teller gleiten lassen. Mit dem Gemüse füllen und überklappen. Mit Kerbel und Zitrone garnieren. **Getränk:** kühler Weißwein.

ZUBEREITUNGSZEIT ca. 35 Min.
PORTION ca. 510 kcal
26 g E · 28 g F · 36 g KH

Vielerlei mit Ei

Ob luftiges Omelett, herzhafte Tortilla oder ein schnelles Spiegelei – diese Rezepte sind garantiert kein Einerlei!

Pochierte Eier mit Spinat & Olivenbrot

ZUTATEN FÜR 4 PERSONEN

- 1 kg frischer Blattspinat
  (ersatzw. 600 g TK-Blattspinat)
- 1 Knoblauchzehe
- 2 mittelgroße Zwiebeln
- 3 EL Olivenöl
- Salz • Pfeffer • Muskat
- 100 g paprikagefüllte Oliven
- evtl. ¼–½ rote Chilischote
- Edelsüß-Paprika
- 2 EL Essig
- 4 Eier
- 4 Scheiben Baguettebrot
- evtl. 1 EL Butter

1 Spinat putzen, gut waschen und abtropfen lassen. Knoblauch und Zwiebeln schälen, fein würfeln bzw. durchpressen. Knoblauch und Hälfte Zwiebeln in 2 EL heißem Öl glasig andünsten. Spinat darin zusammenfallen lassen. Mit Salz, Pfeffer und Muskat würzen.

2 Oliven in Scheiben schneiden. Chili entkernen, waschen und fein hacken. Beides mit restlichen Zwiebeln und 1 EL Öl mischen. Mit Salz, Pfeffer und Paprikapulver abschmecken.

3 1 l Wasser, Essig und 1 EL Salz in einem weiten Topf aufkochen. Eier einzeln in eine Suppenkelle oder Tasse schlagen und nacheinander in den Essigsud gleiten lassen. Dabei evtl. das Eiweiß über das Eigelb ziehen. Bei schwacher Hitze ca. 4 Minuten gar ziehen lassen.

4 Baguettescheiben toasten oder in heißer Butter goldbraun rösten. Mit der Olivenmischung belegen. Eier herausheben, mit Salz und Pfeffer würzen. Mit Spinat und Baguette anrichten.
Getränk: kühler Weißwein.

ZUBEREITUNGSZEIT ca. 45 Min.
PORTION ca. 290 kcal
15 g E · 20 g F · 11 g KH

Spinat aufwärmen?

Haben Sie Spinat übrig? Nicht wegwerfen, sondern möglichst rasch abkühlen und höchstens einen Tag im Kühlschrank aufheben. Dann unbedingt einmal richtig aufkochen.

Tomaten-Mozzarella-Tortilla

ZUTATEN FÜR 3–4 PERSONEN

- 3 mittelgroße Zwiebeln
- 500 g reife Tomaten (z. B. Fleischtomaten)
- 2 Knoblauchzehen
- 40 g Parmesan (Stück)
- 1 Mozzarella (125 g)
- 7 Eier
- 2–3 EL Crème fraîche
- Salz • Pfeffer
- 1–2 Stiele Salbei oder Basilikum
- 1–2 EL Olivenöl

1 Zwiebeln schälen. Tomaten waschen. Beides in Scheiben schneiden. Knoblauch schälen und hacken oder durchpressen. Parmesan reiben. Mozzarella in Scheiben schneiden. Eier, Crème fraîche und Parmesan verrühren, mit Salz und Pfeffer kräftig würzen. Salbei waschen und, bis auf etwas, abzupfen.

2 Öl in einer beschichteten Pfanne (ca. 28 cm Ø; mit Deckel) erhitzen. Knoblauch, je die Hälfte Zwiebeln und Tomaten darin andünsten. Mozzarella darauflegen. Eiermasse darübergießen, übrige Tomaten, Zwiebeln und Salbei darauf verteilen. Zugedeckt bei schwacher Hitze ca. 25 Minuten stocken lassen.

3 Tortilla evtl. am Rand vorsichtig lösen und mithilfe des Deckels oder eines flachen Tellers wenden. Weitere 5–10 Minuten stocken lassen. Mit dem übrigen Salbei garnieren.

Getränk: kühles Mineralwasser.

ZUBEREITUNGSZEIT ca. 45 Min.
PORTION ca. 380 kcal
25 g E · 26 g F · 8 g KH

Oder mal mit Spargel

Die Tortilla schmeckt auch prima mit Spargel. Statt der Tomaten 500 g Spargel schälen, in Stücke schneiden und 3–5 Minuten in Salzwasser blanchieren. Gut abtropfen lassen!

Curry-Gemüse-Pfanne mit Spiegelei

ZUTATEN FÜR 4 PERSONEN

- 400 g Knollensellerie
- 400 g Möhren
- ½ Bund Lauchzwiebeln
- 250 g Champignons
- 1 mittelgroße Zwiebel
- 1 Knoblauchzehe
- 3 EL Butter/Margarine
- 1–2 TL Curry
- 4 EL Schlagsahne
- Salz • Pfeffer
- 8 Eier

1 Sellerie und Möhren waschen und schälen. Sellerie in feine Stifte, Möhren in Scheiben hobeln oder schneiden. Lauchwiebeln putzen, waschen und in Ringe schneiden. Champignons waschen, putzen und halbieren oder vierteln.

2 Zwiebel und Knoblauch schälen und fein hacken. 1 EL Fett in einer großen Pfanne erhitzen. Zwiebel, Knoblauch und Sellerie darin andünsten. Möhren und Pilze mit anbraten. Gemüse mit Curry bestäuben und kurz anschwitzen.

3 Mit ⅛ l Wasser ablöschen. Aufkochen und zugedeckt ca. 10 Minuten garen. Lauchzwiebeln zufügen und alles weitere 3 Minuten köcheln. Sahne unterrühren. Mit Salz und Pfeffer abschmecken.

4 Eier in 2 EL heißem Fett braten. Würzen und auf der Gemüse-Pfanne anrichten. Dazu passt Bauernbrot.
Getränk: kühles Bier.

ZUBEREITUNGSZEIT ca. 35 Min.
PORTION ca. 280 kcal
17 g E · 18 g F · 11 g KH

Senf-Eier mit Erbsen & Pilzen

ZUTATEN FÜR 4 PERSONEN

- 200 g Langkorn-Reis
- Salz • Pfeffer
- 200 g Champignons
- 2 EL (30 g) Butter/Margarine
- 2 leicht gehäufte EL (30 g) Mehl
- ⅛ l Milch
- 2 TL Gemüsebrühe
- 6–8 Eier
- 1 Bund Lauchzwiebeln
- 150 g TK-Erbsen
- 2 EL mittelscharfer Senf
- ½ Bund Schnittlauch

1 Reis in 400 ml kochendes Salzwasser geben. Zugedeckt bei schwacher Hitze ca. 20 Minuten ausquellen lassen.

2 Pilze putzen, waschen und halbieren. Im heißen Fett anbraten, würzen. Mit Mehl bestäuben und anschwitzen. ½ l Wasser, Milch und Brühe einrühren. Aufkochen und ca. 5 Minuten köcheln.

3 Eier wachsweich kochen. Lauchzwiebeln putzen, waschen und in Ringe schneiden. Mit Erbsen in die Soße geben und 3–4 Minuten weiterköcheln. Mit Salz, Pfeffer und Senf abschmecken.

4 Eier abschrecken, schälen und evtl. halbieren. In die Soße geben. Schnittlauch waschen und, evtl. bis auf etwas zum Garnieren, in feine Röllchen schneiden. Senf-Eier damit bestreuen und garnieren. Den Reis dazureichen.

Getränk: kühles Mineralwasser oder Saftschorle.

ZUBEREITUNGSZEIT ca. 30 Min.
PORTION ca. 280 kcal
17 g E · 16 g F · 16 g KH

Variations-Idee

Die Eier schmecken auch in Kräutersoße gut. Statt Senf reichlich gehackte frische Petersilie, Kresse, Kerbel und etwas Sahne einrühren.

Bunt garnierte Eierplatte

ZUTATEN FÜR 4 PERSONEN

- 8–10 Eier
- evtl. 3–4 Wachteleier
- 50 g Feldsalat
- 4–5 Stiele Kerbel oder Petersilie
- 6 paprikagefüllte Oliven
- 2–3 TL mittelscharfer Senf
- Salz • Pfeffer • Cayennepfeffer
- 50 g Räucheraal-Filet (ohne Haut und Gräte)
- 1 TL Zitronensaft
- 1–2 TL Tomatenmark
- 8–10 Tiefseekrabben ohne Schale
- evtl. Bio-Zitronenscheiben zum Garnieren

1 Eier hart kochen. Wachteleier in den letzten 5 Minuten mitkochen. Abschrecken, schälen, auskühlen lassen.

2 Inzwischen Feldsalat putzen, waschen und abtropfen lassen. Kerbel waschen und abzupfen.

3 Oliven und Wachteleier in Scheiben schneiden. Hühnereier längs halbieren, Eigelb herauslösen. Hälfte Eigelb mit Senf glatt rühren. Mit Salz und Pfeffer abschmecken.

4 Aalfilet mit einer Gabel gut zerdrücken. Mit Zitronensaft, restlichem Eigelb und Tomatenmark zu einer cremigen Masse verrühren. Mit Salz und Cayennepfeffer abschmecken.

5 Cremes jeweils in einen Spritzbeutel mit Sterntülle geben und in die Eihälften spritzen. Aalfüllung mit Krabben und ⅔ Kerbelblättchen, Senf-Füllung mit Wachtelei- und Olivenscheiben garnieren. Mit dem Salat auf einer Platte anrichten. Mit Zitronenscheiben und restlichem Kerbel garnieren. Dazu passt frisches Baguette.

Getränk: Sherry medium.

ZUBEREITUNGSZEIT ca. 40 Min.
PORTION ca. 320 kcal
23 g E · 23 g F · 2 g KH

Herzhafter Kaiserschmarren

ZUTATEN FÜR 4 PERSONEN

- 1 kleine Zwiebel
- 1 Bund Schnittlauch
- ½–1 Bund Radieschen
- 250 g Speisequark (20 % Fett)
- 4 EL + ½ l Milch
- Salz • Pfeffer
- 1 Bund Lauchzwiebeln
- 6 TL Öl
- 9 EL kernige Haferflocken
- 2 EL Butter/Margarine
- 4 Eier
- 250 g Weizen-Vollkornmehl

1 Zwiebel schälen und fein würfeln. Schnittlauch waschen und in Röllchen schneiden. Radieschen putzen, waschen und in Stifte schneiden. Quark und 4 EL Milch glatt verrühren. Zwiebel, Schnittlauch und Radieschen unterheben. Mit Salz und Pfeffer abschmecken.

2 Lauchzwiebeln putzen, waschen und in Röllchen schneiden. 2 TL Öl erhitzen. Lauchzwiebeln darin kurz anbraten. 3 EL Haferflocken zufügen. Andünsten, würzen und alles herausnehmen.

3 Fett schmelzen, etwas abkühlen lassen. Eier trennen. Eigelb schaumig schlagen, ½ l Milch und flüssiges Fett zufügen und verrühren. Mehl, ½ TL Salz und 6 EL Haferflocken unterrühren. Eiweiß und 1 Prise Salz steif schlagen und vorsichtig unterheben.

4 1 TL Öl in einer Pfanne erhitzen. Ca. ¼ des Teiges hineingeben und bei schwacher Hitze ca. 2 Minuten backen. Den Pfannkuchen auf einen Teller gleiten lassen und vorsichtig wenden, mit zwei Pfannenwendern zerzupfen und fertig backen. Warm stellen.

5 Aus dem restlichen Öl und Teig auf gleiche Weise 3 weitere Pfannkuchen backen und zerzupfen. Mit Radieschenquark und Lauchzwiebeln anrichten. **Getränk:** kühles Mineralwasser.

ZUBEREITUNGSZEIT ca. 45 Min.
PORTION ca. 570 kcal
31 g E · 20 g F · 63 g KH

Feines Käse-Soufflé

ZUTATEN FÜR 4 PERSONEN

- je 100 g Greyerzer und mittelalter Gouda (Stück)
- 4 Eier
- 50 g Butter/Margarine
- 70 g Mehl
- ¼ l Milch
- Salz • Pfeffer • Muskat
- Fett für die Förmchen
- evtl. Basilikum und Paprika zum Garnieren

1 Beide Käse fein reiben. Eier trennen. Fett schmelzen, Mehl darin anschwitzen. Milch einrühren, aufkochen. Eigelb nach und nach unter die Masse rühren. Käse unterrühren und würzen.

2 Eiweiß und 1 Prise Salz steif schlagen und unter die Masse ziehen. In kleine gefettete Souffléförmchen (ca. 150 ml Inhalt) füllen. Im vorgeheizten Backofen (E-Herd: 200 °C/Umluft: 175 °C/Gas: Stufe 3) ca. 25 Minuten goldbraun backen. Evtl. gegen Ende der Backzeit zudecken. Sofort garnieren und servieren, damit sie nicht zusammenfallen.
Getränk: kühler Weißwein.

ZUBEREITUNGSZEIT ca. 20 Min.
BACKZEIT ca. 25 Min.
PORTION ca. 510 kcal
28 g E · 35 g F · 17 g KH

Crêpes mit Rum-Rosinen & Schokosoße

ZUTATEN FÜR 4 PERSONEN

- 2 EL Rosinen
- 2 EL Rum
- 100 g Mehl
- 2 Eier (Gr. M)
- 5 EL Zucker
- ¼ l + ½ l Milch
- 1 Päckchen Soßenpulver „Schokolade" (zum Kochen; für ½ l Milch)
- 1–2 EL Mandelstifte
- etwas Öl
- 100 g Schmand
- evtl. Puderzucker zum Bestäuben

1 Rosinen waschen und mit Rum beträufeln, kurz ziehen lassen. Mehl, Eier, 2 EL Zucker und ¼ l Milch verrühren. Ca. 15 Minuten quellen lassen.

2 6 EL Milch mit Soßenpulver und 2 EL Zucker glatt rühren. Übrige Milch aufkochen. Soßenpulver einrühren. Aufkochen, unter Rühren ca. 1 Minute köcheln. Abkühlen lassen.

3 Mandeln in einer kleinen beschichteten Pfanne ohne Fett rösten. Herausnehmen. Pfanne portionsweise dünn mit Öl ausstreichen, erhitzen. Aus dem Teig darin nacheinander 4 dünne Crêpes backen. Etwas abkühlen lassen.

4 Schmand, Rosinen samt Rum und 1 EL Zucker verrühren. Auf den Crêpes verteilen. Crêpes aufrollen, mit etwas Schokosoße, Mandeln und Puderzucker anrichten. Übrige Soße dazureichen. **Getränk:** Milchkaffee.

ZUBEREITUNGSZEIT ca. 35 Min.
QUELLZEIT ca. 15 Min.
ABKÜHLZEIT ca. 30 Min.
PORTION ca. 400 kcal
13 g E · 16 g F · 45 g KH

Extra-Tipp

Wenn Kinder mitessen, weichen Sie die Rosinen in Apfelsaft ein. Wer keine mag, kann auch gewürfelte Banane unterrühren.

Zucchini-Nudelnester mit Walnuss-Käsesoße

ZUTATEN FÜR 4 PERSONEN

- 2 große Möhren (250 g)
- 1 mittelgroße Zucchini
- 300 g breite Bandnudeln
- Salz • Pfeffer
- 1 mittelgroße Zwiebel
- 1 EL (20 g) Butter/Margarine
- 1 gehäufter EL (20 g) Mehl
- ¼ l Milch
- 1 TL Gemüsebrühe
- 100 g Gorgonzola
- 3 EL Walnusskerne
- 3–4 Stiele frischer oder ½ TL getrockneter Thymian
- evtl. Petersilie zum Garnieren

1 Möhren schälen, Zucchini putzen. Beides waschen und mit einem Sparschäler längs in dünne Scheiben schneiden oder auf dem Gurkenhobel längs hobeln. Nudeln in reichlich kochendem Salzwasser ca. 10 Minuten garen. Möhren und Zucchini ca. 4 Minuten mitgaren.

2 Zwiebel schälen und fein würfeln. Im heißen Fett andünsten. Mit Mehl bestäuben und goldgelb anschwitzen. ¼ l Wasser, Milch und Brühe einrühren. Aufkochen und ca. 5 Minuten köcheln. Käse würfeln und in der Soße unter Rühren schmelzen.

3 Nüsse, evtl. bis auf 4–8 Hälften zum Garnieren, hacken. Thymian waschen, hacken und mit den Nüssen unter die Soße rühren. Mit Salz und Pfeffer abschmecken.

4 Nudeln und Gemüse abgießen und abtropfen lassen. Mit einer Gabel zu ca. 12 Nestern drehen und mit der Käse-Soße anrichten. Mit übrigen Nüssen und Petersilie garnieren.
Getränk: kühler Roséwein.

ZUBEREITUNGSZEIT ca. 35 Min.
PORTION ca. 490 kcal
19 g E · 17 g F · 63 g KH

Das Beste für Gäste

Sie möchten Ihre Freunde und Familie verwöhnen?
Diese Köstlichkeiten lassen keine Wünsche offen!

Frühlingsgemüse mit Kartoffelplätzchen

ZUTATEN FÜR 4 PERSONEN

- 800 g mehlig kochende Kartoffeln
- 2 EL Mandelblättchen
- 500 g weißer Spargel
- 2 mittelgroße Kohlrabi
- 1 Blumenkohl
- 500 g Broccoli
- Salz • Zucker • Pfeffer • Muskat
- 75 g Gouda (Stück)
- 1 kleine Zwiebel
- 2–3 Stiele Petersilie • 1 Ei
- ca. 2 EL Speisestärke
- 3 EL + 75–100 g Butter
- 100 g Schlagsahne
- 1 Beutel „Zubereitung für Sauce Hollandaise“ (für 125 g Butter)

1 Kartoffeln waschen und ca. 20 Minuten kochen. Mandeln ohne Fett rösten, herausnehmen.

2 Spargel waschen, schälen und holzige Enden abschneiden. Kohlrabi schälen, waschen und in Spalten schneiden. Blumenkohl und Broccoli putzen, waschen und in Röschen teilen.

3 Spargel zugedeckt in kochendem, leicht gesalzenem Wasser mit etwas Zucker 15–20 Minuten garen. Kohlrabi und Blumenkohl in wenig kochendem Salzwasser 8–10 Minuten garen. Broccoli ca. 5 Minuten mitgaren.

4 Käse raspeln. Zwiebel schälen, Petersilie waschen, beides hacken. Kartoffeln abschrecken, schälen und durch eine Kartoffelpresse drücken. Mit Ei, Käse, Zwiebel, Petersilie und Stärke verkneten. Mit Salz, Pfeffer und Muskat kräftig würzen. Daraus ca. 8 Plätzchen formen.

5 3 EL Butter portionsweise in einer beschichteten Pfanne erhitzen. Plätzchen darin von jeder Seite ca. 4 Minuten goldbraun braten.

6 Spargel und Gemüse herausheben, abtropfen. ⅛ l Spargelfond und Sahne in einen Topf gießen. Soßenpulver einrühren, aufkochen. Vom Herd ziehen, 75–100 g Butter in Stückchen darunterschlagen. Mit Salz und Pfeffer abschmecken. Alles anrichten, mit Mandeln bestreuen. **Getränk:** kühler Weißwein.

ZUBEREITUNGSZEIT ca. 1½ Std.
PORTION ca. 550 kcal
21 g E · 31 g F · 42 g KH

Zanderfilet in Rieslingsoße

ZUTATEN FÜR 4 PERSONEN

- 2 Schalotten oder 1 kleine Zwiebel
- 250 g Champignons
- 750 g kleine Kartoffeln
- Salz • Pfeffer • Zucker
- 600 g Zanderfilet
- Saft von ½ Zitrone
- 1 EL Öl
- ¼ l Weißwein (z. B. Riesling)
- 250 g Crème double oder Crème fraîche
- 1 EL Butter
- 3–4 Stiele Kerbel oder Petersilie
- evtl. Bio-Zitronenspalten zum Garnieren

1 Schalotten schälen und fein würfeln. Pilze putzen, waschen und in Scheiben schneiden. Kartoffeln schälen, waschen und in Salzwasser zugedeckt ca. 20 Minuten kochen.

2 Inzwischen Fisch waschen, trocken tupfen, in ca. 8 Stücke schneiden. Mit Zitrone beträufeln, kurz ziehen lassen.

3 Öl in einer beschichteten Pfanne erhitzen. Fisch darin pro Seite ca. 2 Minuten kräftig braten. Mit Salz und Pfeffer würzen. Herausnehmen.

4 Schalotten im heißen Bratfett andünsten. Pilze kurz mitdünsten. Wein und ca. 100 ml Wasser angießen. Alles aufkochen und ca. 10 Minuten auf die Hälfte einkochen lassen. Crème double einrühren, mit Salz, Pfeffer und etwas Zucker abschmecken. Fisch in die Soße legen und zugedeckt ca. 5 Minuten gar ziehen lassen.

5 Kartoffeln abgießen. Butter zugeben und schwenken. Kerbel waschen, bis auf etwas zum Garnieren abzupfen (Petersilie hacken). Über die Kartoffeln streuen. Alles anrichten und mit Kerbel und Zitrone garnieren.

Getränk: kühler Weißwein.

ZUBEREITUNGSZEIT ca. 45 Min.
PORTION ca. 600 kcal
36 g E · 33 g F · 27 g KH

Zwiebelkuchen mit Rahmguss

ZUTATEN FÜR CA. 16 STÜCKE

- 375 g + 40 g Mehl
- Salz • Pfeffer • Muskat
- 125 g kalte Butter
- 2 TL Essig
- 750 g Zwiebeln
- 2–3 EL Öl
- 250 g Käse (z. B. Raclette-Käse; Stück)
- 350 ml Milch
- 3 Eier (Gr. M)
- 150 g stichfeste saure Sahne
- Fett und Mehl fürs Blech

1 375 g Mehl, 1 TL Salz und Butter in Stückchen mit den Händen schnell krümelig reiben. 150 ml kaltes Wasser und Essig zugeben, alles glatt verkneten. Ca. 1 Stunde kalt stellen.

2 Zwiebeln schälen, in Ringe schneiden. Im heißen Öl portionsweise goldbraun dünsten, würzen. Abkühlen lassen.

3 Käse reiben. Milch und 40 g Mehl verrühren. Unter Rühren aufkochen. Bei schwacher Hitze ca. 5 Minuten köcheln. Käse, bis auf ¼, darin schmelzen. Vom Herd nehmen. Eier und saure Sahne verrühren, in die Soße rühren. Würzen.

4 Ein rundes Blech (ca. 40 cm Ø) fetten und mit Mehl bestäuben. Teig darauf ausrollen. Ränder etwas hochdrücken. Teig mit der Gabel öfter einstechen. Zwiebeln darauf verteilen und die Soße darübergießen. Übrigen Käse darüberstreuen. Im vorgeheizten Ofen (E-Herd: 200 °C/ Umluft: 175 °C/Gas: Stufe 3) ca. 35 Minuten backen. Dazu passt Feldsalat.
Getränk: kühler Federweißer oder Weißwein.

ZUBEREITUNGSZEIT ca. 1 Std.
KÜHLZEIT ca. 1 Std.
BACKZEIT ca. 35 Min.
STÜCK ca. 280 kcal
11 g E · 16 g F · 22 g KH

Indische Pakoras mit zweierlei Dips

ZUTATEN FÜR 4–6 PERSONEN

- 250 g Tomaten • 1 Apfel
- 1 Stück (ca. 30 g) frischer Ingwer
- 1 Knoblauchzehe
- 100 ml Essig
- 3 EL brauner Zucker
- 2 EL Zitronensaft • Chilipulver • Salz
- 1 Bund/Töpfchen Minze
- 500 g Vollmilch-Joghurt
- ca. ½ TL gemahlener Kreuzkümmel
- 375 g Kichererbsen- oder Weizenmehl
- 1 gestrichener TL Backpulver
- 1 kleiner Blumenkohl
- 2 Möhren (ca. 300 g) • 2 Zucchini
- 1 Aubergine (ca. 300 g)
- 2 große Zwiebeln
- 400 g kleine Kartoffeln
- ca. 1 l Öl zum Frittieren

ZUBEREITUNGSZEIT ca. 1½ Std.
PORTION ca. 610 kcal
9 g E · 24 g F · 86 g KH

1 Tomaten-Chutney: Tomaten überbrühen, abschrecken und häuten. Apfel, Ingwer und Knoblauch schälen. Alles klein schneiden, mit Essig, Zucker, 1 EL Zitronensaft, ½ TL Chilipulver und ½ TL Salz aufkochen. Offen ca. 20 Minuten einkochen, dabei öfter umrühren.

2 Für die Joghurt-Minz-Soße Minze waschen, abzupfen und fein schneiden. Mit dem Joghurt glatt verrühren. Mit Salz, 1 EL Zitronensaft und Kreuzkümmel würzig abschmecken.

3 Mehl, Backpulver, ½–1 TL Chilipulver und Salz mischen. Ca. ⅜ l Wasser langsam unterrühren, bis ein zähflüssiger Teig entsteht. Gemüse putzen, waschen und in mundgerechte Stücke schneiden. Zwiebeln und Kartoffeln schälen und in Spalten schneiden.

4 Öl in Fritteuse (180 °C) oder hohem Topf erhitzen. Gemüse portionsweise durch den Teig ziehen, im heißen Öl 5–7 Minuten ausbacken. Abtropfen, warm stellen. Alles anrichten. Dazu: Weizenfladen und Mango-Chutney.

Steinpilz-Bouillon mit Flädle

ZUTATEN FÜR 4 PERSONEN

- 5–10 g getrocknete Steinpilze
- 2 Eier (Gr. M)
- 3 EL (ca. 45 g) Mehl
- Salz • Pfeffer
- 150 ml Milch
- 2 TL + 1 EL Öl
- 1 Zwiebel
- 1 große Möhre
- 150 g Champignons
- 3 EL Gemüsebrühe
- evtl. 2 EL Sherry
- 2–3 Stiele Petersilie

1 Steinpilze waschen, evtl. feiner hacken. In 100 ml lauwarmem Wasser ca. 30 Minuten einweichen. Pilze abtropfen lassen, Einweichwasser auffangen. Steinpilze mit Eiern, Mehl, 1 Prise Salz und Milch glatt verrühren. Ca. 10 Minuten quellen lassen.

2 2 TL Öl portionsweise in einer Pfanne erhitzen. Aus dem Teig darin 2 Pfannkuchen backen und aufrollen.

3 Zwiebel schälen und hacken. Möhre schälen, waschen und fein würfeln. Pilze putzen, waschen und in Scheiben schneiden. Pilze in 1 EL heißem Öl im Topf anbraten. Herausnehmen.

4 Zwiebel und Möhre im Bratfett andünsten. 1½ l Wasser und Pilzwasser angießen, aufkochen. Brühe einrühren. Ca. 8 Minuten köcheln. Pilze zufügen. Mit Salz, Pfeffer und Sherry abschmecken.

5 Petersilie waschen und hacken. Pfannkuchen in Scheiben schneiden und in Suppentassen geben. Bouillon und Petersilie darüber verteilen.

ZUBEREITUNGSZEIT ca. 45 Min.
QUELLZEIT ca. 10 Min.
EINWEICHZEIT ca. 30 Min.
PORTION ca. 150 kcal
8 g E · 8 g F · 10 g KH

Ziegenkäse mit Thymian-Marinade

ZUTATEN FÜR 6 PERSONEN

- 150 g Schalotten oder kleine Zwiebeln
- 1 mittelgroße Tomate
- 1 Knoblauchzehe
- ½ Bund/Töpfchen frischer oder 1 gestrichener TL Thymian
- 75 g Walnusskerne
- 8–12 EL Öl (z. B. Walnussöl)
- 10–12 Ziegenfrischkäse-Taler (à ca. 40 g)

1 Schalotten schälen und in feine Ringe hobeln oder schneiden. Tomate waschen, vierteln, entkernen und fein würfeln. Knoblauch schälen und in dünne Scheiben schneiden. Thymian waschen, abzupfen. Nüsse grob hacken.

2 Öl, Thymian, Knoblauch, Tomate, Nüsse und Schalotten verrühren. Ziegenkäse auf einer Platte anrichten. Nuss-Kräuter-Öl darüber verteilen. Mind. 30 Minuten ziehen lassen. Dazu schmeckt knuspriges Weißbrot.
Getränk: leichter Rotwein.

ZUBEREITUNGSZEIT ca. 15 Min.
MARINIERZEIT mind. 30 Min.
PORTION ca. 450 kcal
16 g E · 36 g F · 12 g KH

Pikante Petits Fours

ZUTATEN FÜR CA. 27 STÜCK

- 4 reife Camemberts (à 125 g)
- 75 g weiche Butter
- Salz • Pfeffer
- 1 Bund Petersilie
- ca. 1 EL Edelsüß-Paprika
- 6 große Scheiben Gouda oder 12 Scheiben Butterkäse
- 3 eckige Scheiben (à ca. 50 g) Pumpernickel
- Holzspießchen, Kräuter, Kirschtomaten, Maiskölbchen, Weintrauben und Gewürzgurken zum Garnieren

1 Camemberts fein zerdrücken. Butter unterkneten. Mit Salz und Pfeffer würzen. Petersilie waschen, hacken. Käsemasse teilen. Unter eine Hälfte Petersilie, unter die andere Paprika rühren.

2 Käsescheiben entrinden, in Größe der Brotscheiben schneiden. 3 Scheiben Käse mit Kräuter-Käse bestreichen. Pumpernickel mit Paprika-Käse bestreichen. Mit der Brotseite nach unten auf den Kräuter-Käse legen. Übrigen Gouda auf den Paprika-Käse legen. Mind. 30 Minuten kalt stellen.

3 Jedes Pumpernickel-Käse-Brot in ca. 9 Würfel schneiden und nach Belieben garnieren.

Getränk: trockener Rotwein.

ZUBEREITUNGSZEIT ca. 30 Min.
KÜHLZEIT mind. 30 Min.
STÜCK ca. 140 kcal
8 g E · 11 g F · 2 g KH

Früchte mit Mandel-Baiserhaube

ZUTATEN FÜR 4 PERSONEN

- 1 Dose (425 ml) Aprikosen
- 400 g Erdbeeren
- 5 EL (50 g) Zucker
- 2 Eier (Gr. M)
- ½ l Milch
- 1 Päckchen Puddingpulver „Vanille" (zum Kochen; für ½ l Milch)
- 1 TL Zitronensaft
- 2 EL gemahlene Mandeln (ohne Haut)
- 1 Päckchen Vanillin-Zucker
- 1–2 EL Mandelblättchen
- Puderzucker zum Bestäuben

1 Aprikosen abtropfen lassen (Saft anderweitig verwenden). Erdbeeren waschen und putzen. Früchte klein schneiden, mit 1 EL Zucker mischen.

2 Eier trennen. 4 EL Milch, Eigelb, Puddingpulver und 2 EL Zucker verrühren. Rest Milch aufkochen, vom Herd ziehen, Puddingpulver einrühren. Nochmals aufkochen und unter Rühren ca. 1 Minute köcheln. In 4 feuerfeste, kalt ausgespülte Förmchen verteilen. Früchte darauf verteilen.

3 Eiweiß und Zitronensaft steif schlagen. 2 EL Zucker, gemahlene Mandeln und Vanillin-Zucker einrieseln lassen. Eischnee auf die Früchte verteilen. Mit Mandelblättchen bestreuen. Im vorgeheizten Backofen (E-Herd: 175 °C/Umluft: 150 °C/Gas: Stufe 2) 8–10 Minuten überbacken. Mit Puderzucker bestäuben. **Getränk:** Amaretto-Likör.

ZUBEREITUNGSZEIT ca. 35 Min.
PORTION ca. 380 kcal
11 g E · 13 g F · 53 g KH

Rund um Baiser

Verwenden Sie für Baiser möglichst frische und gut gekühlte Eier.

Es wird besonders gut steif und bleibt stabiler, wenn Sie Zitronensaft oder eine Prise Salz einrieseln lassen.

Eier immer sauber trennen, am besten einzeln in eine Tasse! Selbst Spuren von Eigelb verhindern, dass das Eiweiß richtig fest wird.

Champignons mit Kartoffel-Käsehaube

ZUTATEN FÜR 3–4 PERSONEN

- 500 g mehlig kochende Kartoffeln
- 500 g Möhren
- 1–2 TL Gemüsebrühe
- Salz • Pfeffer
- 12 große Champignons (ca. 500 g)
- 1 mittelgroße Zwiebel
- 1 EL Butter/Margarine
- 50 g Parmesan (Stück)
- ½ Bund Schnittlauch
- ½ Bund Petersilie
- 3 EL Rahm-Frischkäse oder Schmand
- Fett für die Form
- 3 EL Kürbiskerne

1 Kartoffeln und Möhren schälen, waschen und in Stücke schneiden. ¼ l Wasser und Brühe aufkochen. ⅓ der Möhren darin zugedeckt 10–12 Minuten garen. Restliche Möhren und Kartoffeln in gut ¼ l Salzwasser zugedeckt ca. 15 Minuten kochen.

2 Pilze putzen und waschen. Stiele herausdrehen und hacken. Zwiebel schälen, fein würfeln. Zwiebel und Pilzstiele im heißen Fett andünsten. Würzen und beiseite stellen. Käse reiben.

3 Kräuter waschen und, bis auf etwas zum Garnieren, hacken bzw. in Röllchen schneiden. Möhren in der Brühe pürieren. Kräuter und Frischkäse unterrühren, mit Salz und Pfeffer abschmecken.

4 Kartoffeln und Möhren abgießen, den Gemüsefond dabei auffangen und ⅛ l abmessen. Kartoffeln und Möhren grob zerstampfen, dabei Gemüsefond zugießen. Pilzmischung und die Hälfte Käse unterrühren, würzig abschmecken.

5 Möhrensoße in eine große gefettete Auflaufform gießen. Pilze hineinsetzen und mit dem Püree füllen. Übrigen Käse und Kürbiskerne darüberstreuen. Im vorgeheizten Backofen (E-Herd: 200 °C/Umluft: 175 °C/Gas: Stufe 3) ca. 40 Minuten backen. Mit restlichen Kräutern bestreuen. **Getränk:** kühles Mineralwasser.

ZUBEREITUNGSZEIT ca. 1¼ Std.
PORTION ca. 240 kcal
14 g E · 10 g F · 22 g KH

Da steckt viel Gutes drin

Mit einer leckeren Füllung wird aus Pilzen, Paprika, Kohl & Co. ein raffinierter Hochgenuss

Zucchini mit Paprika-Reisfüllung

ZUTATEN FÜR 4 PERSONEN

- 2 Paprikaschoten (z. B. rot und gelb)
- 1 mittelgroße Zwiebel
- 75 g paprikagefüllte Oliven
- 2 EL Butter/Margarine
- 200 g Langkorn-Reis
- Salz • Pfeffer
- 100 ml trockener Weißwein
- 3 TL Gemüsebrühe
- 4 mittelgroße Zucchini (ca. 1 kg)
- Fett für die Form
- 125 g Parmesan (Stück)
- 125 g Schlagsahne
- evtl. Petersilie zum Garnieren

1 Paprika putzen, waschen und in kleine Würfel schneiden. Zwiebel schälen und fein würfeln. Oliven in Scheiben schneiden. Fett in einem Topf erhitzen, Zwiebel- und Paprikawürfel darin andünsten. Reis zufügen, kurz mitdünsten und mit wenig Salz und Pfeffer würzen.

2 400 ml Wasser und Weißwein angießen, aufkochen und 2 TL Brühe einrühren. Zugedeckt bei schwacher Hitze ca. 20 Minuten ausquellen lassen.

3 Zucchini putzen und waschen. Zucchini längs halbieren und mit einem Teelöffel aushöhlen. Zucchinihälften mit der Schnittfläche nach oben in eine große gefettete Auflaufform legen. Mit Salz und Pfeffer würzen.

4 Käse reiben. ¾ und Oliven unter den Reis rühren. Reis in die Zucchini füllen. Mit übrigem Parmesan bestreuen. Sahne und ¼ l Wasser aufkochen. 1 TL Brühe einrühren, zu den Zucchini gießen. Im vorgeheizten Ofen (E-Herd: 200 °C/ Umluft: 175 °C/Gas: Stufe 3) 30–40 Minuten backen. Anrichten und mit Petersilie garnieren.
Getränk: kühler Weißwein.

ZUBEREITUNGSZEIT 1¼–1½ Std.
PORTION ca. 550 kcal
21 g E · 27 g F · 51 g KH

Überbackene Tomaten mit Spinat

ZUTATEN FÜR 4 PERSONEN

- 4 Fleischtomaten (à 200 g)
- 500 g frischer Blattspinat oder 300 g TK-Blattspinat
- 1 mittelgroße Zwiebel
- 3 EL Pinienkerne
- 1 EL Öl
- Salz • Pfeffer
- Fett für die Form
- 100 g Greyerzer (Stück)
- 1 Beutel „Zubereitung für Sauce Hollandaise" (für 125 g Butter)
- 50 g Butter

1 Tomaten putzen und waschen. Je einen flachen Deckel abschneiden und würfeln. Tomaten mit einem Teelöffel aushöhlen.

2 Spinat putzen und gründlich waschen. Zwiebel schälen und fein würfeln. Pinienkerne in einer Pfanne ohne Fett rösten, herausnehmen.

3 Zwiebel im heißen Öl andünsten. Spinat tropfnass zufügen und zusammenfallen lassen, würzen. (TK-Spinat darin mit etwas Wasser ca. 15 Minuten auftauen). Tomatenwürfel zufügen und kurz mitdünsten. Kerne untermischen.

4 Tomaten in eine gefettete Auflaufform setzen. Mit Spinat füllen. Käse fein reiben. ⅛ l Wasser erhitzen. Soßenpulver einrühren, aufkochen. Butter und Hälfte Käse unterrühren. Die Soße über die Tomaten gießen. Mit Rest Käse bestreuen.

5 Tomaten im vorgeheizten Backofen (E-Herd: 200 °C/Umluft: 175 °C/Gas: Stufe 3) ca. 25 Minuten backen. Dazu passt knuspriges Baguette.
Getränk: kühles Mineralwasser.

ZUBEREITUNGSZEIT ca. 1¼ Std.
PORTION ca. 340 kcal
16 g E · 25 g F · 11 g KH

Auberginenröllchen mit Tomatensugo

ZUTATEN FÜR 4 PERSONEN

- 1 kleine Aubergine
- Salz • Pfeffer
- 2 mittelgroße Zwiebeln
- 1 Knoblauchzehe
- 3 EL Olivenöl
- 1 Packung (500 g) stückige Tomaten
- 1 TL Gemüsebrühe
- 2 Paprikaschoten (z. B. rot und gelb)
- 1 kleine Zucchini
- 250 g Fetakäse
- evtl. Basilikum zum Garnieren
- ca. 12 Holzspießchen

1 Aubergine putzen, waschen und längs in ca. 12 dünne Scheiben schneiden oder hobeln. Mit Salz bestreuen und ca. 20 Minuten ziehen lassen.

2 Zwiebeln und Knoblauch schälen und fein würfeln. Beides in 1 EL heißem Öl andünsten. Tomaten und Brühe zufügen, aufkochen und ca. 5 Minuten köcheln. Den Sugo mit Salz und Pfeffer abschmecken.

3 Paprika putzen, waschen und längs in je ca. 6 Spalten schneiden. Zucchini putzen, waschen und längs in ca. 12 dünne Scheiben schneiden oder hobeln. Käse in ca. 12 dicke Stifte schneiden. Aubergine trocken tupfen. Je 1 Käse- und Paprikastück mit je 1 Auberginen- und Zucchinischeibe umwickeln, feststecken.

4 Gemüseröllchen in 2 EL heißem Öl 5–8 Minuten rundherum braten. Mit warmem oder kaltem Tomatensugo servieren. Mit Basilikum garnieren. Dazu schmeckt Reis.
Getränk: kühler Weißwein.

ZUBEREITUNGSZEIT ca. 1 Std.
PORTION ca. 290 kcal
15 g E · 20 g F · 10 g KH

Backkartoffeln mit Radieschen-Quark

ZUTATEN FÜR 4 PERSONEN

- 4–6 große Kartoffeln (à ca. 200 g)
- 2 Eier
- 1 Bund Radieschen
- je 1 Bund Schnittlauch und Petersilie
- 500 g Speisequark (20 % Fett)
- 1–2 EL Öl
- evtl. 1–2 EL Milch
- Salz • Pfeffer

1 Kartoffeln gründlich waschen und auf ein Backblech legen. Im vorgeheizten Ofen (E-Herd: 200 °C/Umluft: 175 °C/ Gas: Stufe 3) ca. 1 Stunde backen.

2 Eier hart kochen. Abschrecken, auskühlen lassen. Radieschen putzen, waschen und in Stifte schneiden. Kräuter waschen und fein schneiden bzw. hacken. Eier schälen und hacken.

3 Quark, Öl und Milch glatt verrühren. Kräuter, Radieschen und Eier unterrühren. Abschmecken.

4 Kartoffeln kreuzweise tief einschneiden und etwas auseinanderdrücken. Mit dem Radieschenquark anrichten. **Getränk:** kühles Bier.

ZUBEREITUNGSZEIT ca. 1¼ Std.
PORTION ca. 320 kcal
23 g E · 12 g F · 28 g KH

Extra-Tipps

Abgepackte Grill- und Backkartoffeln, die im Sommer verkauft werden, sind auch nichts anderes als Knollen im XXL-Format. Sie können deshalb auch besonders dicke Kartoffeln kaufen, am besten vorwiegend festkochende. Fischfans können den Radieschenquark auch mit Nordseekrabben oder Räucherlachs kombinieren. Die Eier dann evtl. weglassen.

Paprika mit Pilz-Hirsefüllung

ZUTATEN FÜR 4 PERSONEN

- 4 TL Gemüsebrühe
- 150 g Hirse
- 4 große Paprikaschoten (z. B. rot und gelb)
- 1 Bund Lauchzwiebeln
- 500 g Champignons
- 1–2 EL Butter/Margarine
- Salz • Pfeffer
- 100 ml Milch
- 5 EL Schlagsahne
- 1 gestrichener EL (10 g) Mehl
- 1 Beet Kresse
- 100 g Käse (z. B. Greyerzer; Stück)
- Fett für die Form

1 600 ml Wasser und 2 TL Brühe aufkochen. Hirse waschen und darin zugedeckt bei schwacher Hitze ca. 20 Minuten ausquellen lassen.

2 Von jeder Paprika einen Deckel abschneiden. Paprika putzen, waschen. Lauchzwiebeln putzen, waschen und in Ringe schneiden. Pilze putzen, waschen und in Scheiben schneiden.

3 Fett im Topf erhitzen. Pilze darin anbraten, Hälfte herausnehmen. Lauchzwiebeln kurz mitbraten, würzen. Mit 400 ml Wasser und Milch ablöschen, aufkochen und 2 TL Brühe einrühren. Sahne und Mehl glatt rühren. In die Brühe rühren, ca. 5 Minuten köcheln und abschmecken. Kresse abspülen, Hälfte vom Beet schneiden und in die Soße rühren.

4 Käse reiben. Hirse, beiseite gestellte Pilze und ⅔ Käse mischen, würzen. Paprika damit füllen, Deckel darauflegen. Pilzsoße und Paprika in eine gefettete Auflaufform füllen. Übrigen Käse darüberstreuen. Im vorgeheizten Backofen (E-Herd: 200 °C/Umluft: 175 °C/Gas: Stufe 3) ca. 45 Minuten backen. Rest Kresse vom Beet schneiden und darüberstreuen.

Getränk: kühle Saftschorle.

ZUBEREITUNGSZEIT ca. 1½ Std.
PORTION ca. 440 kcal
20 g E · 20 g F · 41 g KH

Mal anders gefüllt

Die Hirse können Sie problemlos durch Vollkorn-Reis ersetzen. Diesen in nur ca. 300 ml Brühe etwa 30 Minuten (s. Packungsanweisung) garen.

Wirsingpäckchen mit roten Linsen

ZUTATEN FÜR 4 PERSONEN

- 1 mittelgroßer Wirsing
- Salz • Pfeffer
- 3–4 Stiele Thymian
- 1 Zwiebel
- 2 EL Butter/Margarine
- 2 TL Gemüsebrühe
- 150 g rote Linsen
- 250 g Fetakäse
- 1 Bund Lauchzwiebeln
- 300 g Sahnejoghurt
- 2–3 TL Speisestärke
- evtl. 3 EL Weißwein
- Küchengarn

1 Wirsing putzen, waschen und den Strunk herausschneiden. 16 Blätter in kochendem Salzwasser 3–5 Minuten blanchieren (Rest Kohl anderweitig verwenden). Abschrecken, dicke Blattrippen flach schneiden. Je 2 Blätter überlappend aufeinanderlegen.

2 Thymian waschen, abzupfen und hacken. Zwiebel schälen und fein würfeln. 1 EL Fett erhitzen und Zwiebel darin andünsten. Mit gut ¼ l Wasser ablöschen und aufkochen. 1 TL Brühe, Thymian und Linsen zufügen und zugedeckt bei schwacher Hitze ca. 8 Minuten garen. Evtl. abtropfen lassen.

3 Feta zerbröckeln. Lauchzwiebeln putzen, waschen und in Ringe schneiden. Linsen, Feta, bis auf 1–2 EL, und Lauchzwiebelringe mischen, mit Salz und Pfeffer würzen.

4 Je 1 EL Füllung in die Mitte der Wirsingblätter geben. Ränder über die Füllung schlagen und fest aufrollen. Mit Küchengarn zusammenbinden.

5 1 EL Fett im weiten Topf erhitzen. Päckchen darin leicht anbraten. Mit ¼ l Wasser ablöschen. 1 TL Brühe einrühren. Zugedeckt bei schwacher Hitze 20–25 Minuten dünsten. Päckchen herausnehmen und warm stellen.

6 Joghurt und Stärke verrühren. Mit Wein in die Soße rühren, aufkochen. Mit Salz und Pfeffer abschmecken. Alles anrichten und mit dem übrigen Käse bestreuen. Dazu schmeckt Fladenbrot.
Getränk: trockener Landwein.

ZUBEREITUNGSZEIT ca. 1½ Std.
PORTION ca. 460 kcal
25 g E · 24 g F · 32 g KH

Auberginen-Auflauf in Tomatensoße

ZUTATEN FÜR 4 PERSONEN

- 150 g Bulgur (vorgegarte Weizengrütze) oder Grünkernschrot
- 2 EL Öl
- 1 TL Gemüsebrühe
- 2 mittelgroße Tomaten
- 1 Bund Lauchzwiebeln
- etwas frischer oder 1 TL getrockneter Oregano
- 1 Packung (500 g) stückige Tomaten
- Salz • Pfeffer • Zucker
- 4 mittelgroße Auberginen
- Fett für die Form
- 75 g Gouda (Stück)

1 Bulgur in 1 EL heißem Öl andünsten. 3/8 l Wasser und Brühe einrühren und aufkochen. Zugedeckt ca. 8 Minuten (s. Packungsanweisung) garen, dabei mehrmals umrühren.

2 Tomaten und Lauchzwiebeln putzen, waschen und klein schneiden. Tomaten und 2/3 Lauchzwiebeln zum Bulgur geben und ca. 3 Minuten mitgaren.

3 Frischen Oregano waschen, abzupfen. Rest Lauchzwiebeln in 1 EL heißem Öl andünsten. Stückige Tomaten und Oregano zufügen, aufkochen. Mit Salz, Pfeffer und etwas Zucker abschmecken.

4 Auberginen waschen, längs halbieren und etwas aushöhlen. Das Innere würfeln und zum Bulgur geben. Füllung in die Auberginen verteilen.

5 Tomatensoße in eine große gefettete Auflaufform gießen und die Auberginen daraufsetzen. Käse grob raspeln und darüberstreuen. Im vorgeheizten Backofen (E-Herd: 200 °C/Umluft: 175 °C/Gas: Stufe 3) 35–40 Minuten backen. **Getränk:** kühle Saftschorle.

ZUBEREITUNGSZEIT ca. 1¼ Std.
PORTION ca. 330 kcal
14 g E · 13 g F · 36 g KH

Was ist Bulgur?

Für Bulgur werden geschälte und vorgekochte Weizenkörner geschrotet und wieder getrocknet. Er stammt aus der orientalischen Küche und ist vitamin- und eiweißreicher als Reis.

Weinblätter mit Mandeln & Rosinen

ZUTATEN FÜR 4–6 PERSONEN

- 250 g Langkorn-Reis
- 3 mittelgroße Zwiebeln
- 1 Knoblauchzehe
- ½ Bund Dill
- ½ Bund Petersilie
- 50 g Mandelkerne ohne Haut
- 75 g Korinthen oder Rosinen
- 5 EL Olivenöl
- Salz • Pfeffer
- ½ TL gemahlener Piment
- ½ TL gemahlener Zimt
- 1 Glas (500 g; Abtropfgewicht 250 g) eingelegte Weinblätter in Salzlake
- 1 Bio-Zitrone
- ¾–1 l Gemüsebrühe

1 Reis mit kaltem Wasser bedecken und 20–30 Minuten quellen lassen.

2 Zwiebeln und Knoblauch schälen, fein würfeln. Kräuter waschen, fein schneiden bzw. hacken. Mandeln grob hacken. Korinthen waschen und abtropfen lassen. Reis abtropfen lassen.

3 3 EL Öl in einer Pfanne erhitzen. Mandeln, Korinthen, Zwiebeln und Knoblauch darin andünsten. Zum Schluss Reis zufügen, kurz mitdünsten. Mit Salz, Pfeffer, Piment und Zimt würzen. Kräuter unterrühren. Füllung abkühlen lassen.

4 Weinblätter abspülen und abtropfen lassen. Blätter vorsichtig voneinander lösen. Den Boden eines weiten Topfes mit einigen Blättern auslegen. Von den restlichen Blättern evtl. Stiele abschneiden.

5 Auf jede Blattmitte (kleine Blätter überlappend doppelt legen) ca. 2 TL Reisfüllung geben. Seiten einschlagen und das Blatt zur Spitze hin fest aufrollen (ergibt ca. 30 Röllchen). Röllchen dicht an dicht in den Topf legen.

6 Zitrone waschen und in Scheiben schneiden. Auf die Weinblätter legen. Mit 2 EL Öl beträufeln und mit den übrigen Weinblättern bedecken. Röllchen mit einem Teller beschweren. Die Brühe angießen, bis die Weinblätter gut 1–2 cm bedeckt sind. Aufkochen und zugedeckt ca. 30 Minuten köcheln. Im Topf mind. 1 Stunde abkühlen lassen. Dazu passen cremiger Joghurt, Oliven und frisches Fladenbrot.

Getränk: Raki mit kaltem Wasser.

ZUBEREITUNGSZEIT ca. 1¾ Std.
WARTEZEIT mind. 1½ Std.
PORTION ca. 340 kcal
6 g E · 14 g F · 44 g KH

Gartensalat mit Senf-Dressing

ZUTATEN FÜR 4 PERSONEN

- 4 Eier
- 3 EL Essig (z. B. Kräuter-Essig)
- 2 TL mittelscharfer Senf
- 2 EL Öl
- 3–4 EL flüssige saure Sahne
- Salz • Pfeffer • Zucker
- 1 Bund Schnittlauch
- 1 Kopfsalat
- 150 g Blattspinat oder Feldsalat
- ½ Kohlrabi (ca. 150 g)
- 1 kleine Salatgurke
- 1 Bund Radieschen
- 1 Beet Kresse

1 Eier hart kochen. Essig, 2 EL Wasser und Senf glatt rühren. Öl darunterschlagen. Saure Sahne unterrühren, abschmecken. Schnittlauch waschen und in Röllchen schneiden. Die Hälfte in die Soße rühren. Eier abschrecken, schälen und auskühlen lassen.

2 Kopfsalat putzen, waschen, trocken schütteln und in mundgerechte Stücke zupfen. Spinat verlesen, gut waschen und abtropfen. Kohlrabi schälen, waschen und in dünne Stifte schneiden. Gurke waschen, schälen und in Scheiben schneiden. Radieschen putzen, waschen und in Scheiben schneiden. Kresse abspülen und vom Beet schneiden.

3 Eier achteln oder in Scheiben schneiden. Mit vorbereiteten Salatzutaten und Soße mischen. Mit Rest Schnittlauch bestreuen. Dazu schmeckt Bauernbrot. **Getränk:** kühle Weinschorle.

ZUBEREITUNGSZEIT ca. 40 Min.
PORTION ca. 200 kcal
11 g E · 15 g F · 4 g KH

Variations-Idee

Auch ein erfrischendes Joghurt-Dressing passt prima zu so einem bunt gemischten Salat. Dafür 250 g Joghurt und 2–3 EL Zitronen- oder Orangensaft glatt rühren. Mit Salz, Pfeffer und etwas Zucker abschmecken. Nach Belieben gehackte Kräuter darunterrühren.

Kunterbunte Fitmacher

Warum begeistern diese Rezepte sogar Salat-Muffel?
Weil Vitamine einfach nicht leckerer schmecken können!

Ananas-Bohnen-Salat mit Feta

ZUTATEN FÜR 4 PERSONEN

- 2 EL Schmand oder Crème fraîche
- 300 g Vollmilch-Joghurt
- 50 g Walnusskerne
- 1–2 Knoblauchzehen
- Salz • Pfeffer
- 150 g Fetakäse
- 1 Dose (425 ml) Kidney-Bohnen
- 1 Dose (425 ml) Maiskörner
- 1 mittelgroße Zwiebel
- ½ frische Ananas (ca. 500 g)
- 1 Römer- oder Kopfsalat

1 Schmand und Joghurt verrühren. Nüsse, evtl. bis auf einige zum Garnieren, sehr fein hacken. Knoblauch schälen und durch die Knoblauchpresse drücken. Beides unterrühren. Mit Salz und Pfeffer abschmecken.

2 Feta fein zerbröckeln. Bohnen abspülen und abtropfen lassen. Mais ebenfalls abtropfen lassen. Zwiebel schälen und würfeln.

3 Ananas schälen, in dünne Spalten schneiden und den Strunk entfernen. Fruchtfleisch in Stückchen schneiden. Salat putzen, waschen, abtropfen lassen und in breite Streifen schneiden.

4 Salat, Mais, Bohnen, Zwiebel und Ananas mischen. Auf einer Platte anrichten. Käse und evtl. Rest Nüsse darüberstreuen. Die Soße dazureichen. **Getränk:** kühle Saftschorle.

ZUBEREITUNGSZEIT ca. 25 Min.
PORTION ca. 420 kcal
20 g E · 20 g F · 38 g KH

Zucchini mit Parmesan & Pinienkernen

ZUTATEN FÜR 4 PERSONEN

- 1 TL Gemüsebrühe
- 2 EL Weißwein-Essig
- 2 EL Öl
- Salz • Pfeffer • Zucker
- 1 große Zwiebel
- 2 Paprikaschoten (z. B. rot und gelb)
- 1 Bund Schnittlauch
- 4 Zucchini (à ca. 200 g)
- 2–3 EL Pinienkerne
- 1 Römersalat-Herz
- 40 g Parmesan (Stück)

1 Brühe in ¼ l heißem Wasser und Essig auflösen. Öl darunterschlagen. Mit Salz, Pfeffer und Zucker abschmecken. Zwiebel schälen. Paprika putzen und waschen. Beides fein würfeln. Schnittlauch waschen und in Röllchen schneiden. Alles mischen.

2 Zucchini putzen, waschen und in dünne Scheiben hobeln oder schneiden. Mit der warmen Marinade mischen. Zugedeckt mind. 30 Minuten ziehen lassen.

3 Kerne ohne Fett rösten. Salat putzen, waschen und klein schneiden. Mit Zucchini samt Marinade anrichten. Mit Kernen bestreuen. Parmesan darüberhobeln. Dazu passen Ciabatta-Brötchen. **Getränk:** kühler Weißwein.

ZUBEREITUNGSZEIT ca. 25 Min.
MARINIERZEIT mind. 30 Min.
PORTION ca. 180 kcal
9 g E · 12 g F · 8 g KH

Fürs Buffet

Dieses Rezept eignet sich auch prima für einen Partysalat. Wenn Sie es schon am Vortag vorbereiten wollen, erst kurz vorm Servieren mit Schnittlauch und Salat mischen.

Orangen-Fenchel-Rohkost

ZUTATEN FÜR 4 PERSONEN

- 2–3 Fenchelknollen (ca. 500 g)
- 2 Zwiebeln (z. B. rot)
- 3 kleine Orangen
- 2–3 EL Walnusskerne
- 3 EL weißer Balsamico-Essig
- Salz • Pfeffer
- 3–4 EL Öl (z. B. Walnussöl)

1 Fenchel putzen, waschen, etwas zartes Grün zum Garnieren beiseite legen. Fenchel in dünne Scheiben hobeln. Zwiebeln schälen und in feine Ringe hobeln. 2 Orangen schälen, sodass die weiße Haut mit entfernt wird. Früchte in dünne Scheiben schneiden.

2 Nüsse grob hacken und ohne Fett rösten. 1 Orange halbieren und auspressen. Saft mit Essig, Salz und Pfeffer verrühren. Öl darunterschlagen. Die Nüsse unterrühren. Fenchel, Orangen, Zwiebeln und Marinade mischen, ca. 30 Minuten ziehen lassen. Salat mit Fenchelgrün garnieren. Dazu passt Vollkorn-Baguette. **Getränk:** kühle Saftschorle.

ZUBEREITUNGSZEIT ca. 25 Min.
MARINIERZEIT ca. 30 Min.
PORTION ca. 200 kcal
6 g E · 13 g F · 14 g KH

Tomaten-Pasta-Salat mit Rucola

ZUTATEN FÜR 4 PERSONEN

- 250 g kurze Nudeln (z. B. Penne)
- Salz • Pfeffer • etwas Zucker
- 3–4 EL Mandelkerne
- 1 kg Fleischtomaten
- 100 g getrocknete Tomaten in Öl (Glas)
- 75 g Rucola (Rauke)
- 4–5 EL weißer Balsamico- oder Weißwein-Essig

1 Nudeln in reichlich kochendem Salzwasser ca. 10 Minuten bissfest garen. Abtropfen und auskühlen lassen.

2 Mandeln grob hacken. In einer Pfanne ohne Fett goldbraun rösten. Herausnehmen und auskühlen lassen.

3 Fleischtomaten waschen. ¾ in dicke Scheiben schneiden, Rest grob würfeln. Getrocknete Tomaten abgießen, dabei 4–6 EL Öl auffangen. Tomaten würfeln. Rucola putzen und waschen.

4 Essig, 2 EL Wasser, Salz, Pfeffer und Zucker verrühren. Das Öl darunterschlagen. Die getrockneten Tomaten darunterheben. Nudeln, Tomatenwürfel und Marinade mischen und etwas ziehen lassen. Rucola unterheben. Teller mit Tomatenscheiben auslegen, mit Salz und Pfeffer würzen. Den Nudelsalat darauf anrichten. Mandeln darüberstreuen.

Getränk: roter Landwein.

ZUBEREITUNGSZEIT ca. 40 Min.
AUSKÜHLZEIT ca. 30 Min.
PORTION ca. 420 kcal
12 g E · 16 g F · 53 g KH

Einkaufs-Tipps

Getrocknete Tomaten gibt's pur und in Öl eingelegt. Einige Sorten werden noch mit Kräutern und Knoblauch gewürzt.

Statt Fleischtomaten können Sie auch andere Tomatensorten wählen – Hauptsache, sie sind schön reif!

Paprika-Salat mit zwei Dips

ZUTATEN FÜR 4 PERSONEN

- 300 g Vollmilch-Joghurt
- 2–3 EL Schmand oder stichfeste saure Sahne
- Salz • Cayennepfeffer
- ½ Bund Schnittlauch
- 200 g rote Salsa (Glas)
- 2 EL Öl (z. B. Olivenöl)
- 3 Paprikaschoten (z. B. rot und gelb; ca. 500 g)
- 1 kleine Gemüsezwiebel
- 3–5 EL schwarze Oliven (ohne Stein)
- 1 reife Avocado (ca. 250 g)
- 1–2 EL Zitronensaft
- 3–4 Stiele Petersilie

1 Joghurt und Schmand verrühren, abschmecken. Schnittlauch waschen, in Röllchen schneiden, unterrühren. Salsa und Öl verrühren.

2 Paprika putzen, waschen und, bis auf 1 Hälfte, in dünne Ringe schneiden. Rest würfeln. Zwiebel schälen, grob würfeln. Oliven in Scheiben schneiden. Avocado halbieren, entkernen und schälen. Fruchtfleisch würfeln und sofort mit Zitronensaft beträufeln. Petersilie waschen und abzupfen.

3 Vorbereitete Salatzutaten anrichten. Die Soßen dazureichen. Dazu passen Taco-Chips.

Getränk: kühles Bier.

ZUBEREITUNGSZEIT ca. 25 Min.
PORTION ca. 290 kcal
6 g E · 20 g E · 19 g KH

Einfach kurz garen

Sie vertragen oder mögen keine rohe Paprika? 1–2 Minuten in wenig Wasser blanchieren oder in 1 TL Öl dünsten. Dann sind sie bekömmlicher. Gilt für alle „harten" Gemüse wie Zwiebeln, Kohl etc.

Rucola-Tomatenplatte mit Balsamico-Dressing

ZUTATEN FÜR 4 PERSONEN

- 1–2 Knoblauchzehen
- 4 EL Balsamico- oder Rotwein-Essig
- Salz • Pfeffer • Zucker
- 4–5 EL Öl (z. B. Olivenöl)
- 125–150 g Rucola (Rauke) oder 1 kleiner Römersalat
- 500 g Tomaten
- ½ kleine Gemüsezwiebel

1 Knoblauch schälen. Essig, Salz, Pfeffer und etwas Zucker verrühren. Öl darunterschlagen. Knoblauch hacken und in die Marinade geben oder durch die Knoblauchpresse hineindrücken.

2 Rucola putzen, waschen, abtropfen lassen und in Streifen schneiden. Tomaten putzen, waschen und je nach Größe vierteln oder grob würfeln. Gemüsezwiebel schälen und in grobe Würfel oder halbe Ringe schneiden.

3 Die vorbereiteten Salatzutaten mit der Marinade mischen und alles etwas ziehen lassen. Dazu passt Baguette. **Getränk:** leichter Rotwein.

ZUBEREITUNGSZEIT ca. 20 Min.
PORTION ca. 140 kcal
3 g E · 11 g F · 6 g KH

Schön würzig

Rucola (Rauke) kann als Küchenkraut oder als Salat verwendet werden. Er schmeckt kräftig und leicht pfeffrig. Im Folienbeutel oder in der Schale bleibt er im Gemüsefach des Kühlschranks 1–2 Tage frisch.

Gemüse-Waffeln mit Radieschen-Mäusen

ZUTATEN FÜR CA. 9 WAFFELN

- 100 g TK-Erbsen
- 125 g weiche Butter/Margarine
- Salz • Pfeffer
- 4 Eier (Gr. M) • 250 g Mehl
- 2 gestrichene TL Backpulver
- 300 g Vollmilch-Joghurt
- 1 Bund Schnittlauch
- 1 Bund Radieschen
- ca. 2 TL Gewürznelken
- 500 g Magerquark
- 2 mittelgroße Möhren
- 2 EL Sonnenblumenkerne
- Öl für das Waffeleisen

1 Erbsen auftauen lassen. Fett und 1 Prise Salz mit den Schneebesen des Handrührgerätes cremig rühren. Eier einzeln darunterrühren. Mehl und Backpulver mischen. Im Wechsel mit dem Joghurt, bis auf 2 EL, kurz darunterrühren. Zugedeckt mind. 15 Minuten quellen lassen.

2 Für die Mäuse Schnittlauch waschen, trocken schütteln. Ca. 6 Halme in 3 cm lange Stücke schneiden. Radieschen putzen (Wurzel als Schwänzchen dranlassen), waschen und eine Seite gerade schneiden. 1 Radieschen in dünne Scheiben schneiden, Scheiben halbieren. In jedes Radieschen 2 Schlitze schneiden und je 1 Hälfte als Ohr hineinstecken. Für die Schnurrbärte je 3 Schnittlauchstücke mit je 1 Gewürznelke darauf feststecken. Je 2 Nelken als Augen hineinstecken.

3 Übrigen Schnittlauch in Röllchen schneiden. Mit Quark und restlichem Joghurt glatt verrühren, abschmecken.

4 Möhren schälen, waschen und fein raspeln. Mit Erbsen und Sonnenblumenkernen unter den Teig rühren. Mit Salz und Pfeffer würzen.

5 Waffeleisen erhitzen und dünn mit Öl ausstreichen. Pro Waffel 2–3 EL Teig daraufgeben und ca. 5 Minuten goldbraun backen. Warm stellen. Gemüse-Waffeln mit etwas Quark-Dip anrichten und mit den Radieschen-Mäusen garnieren. Übrigen Quark-Dip dazureichen. **Getränk:** kühle Saftschorle.

ZUBEREITUNGSZEIT ca. 1½ Std.
QUELLZEIT mind. 15 Min.
STÜCK ca. 330 kcal
16 g E · 17 g F · 26 g KH

Das lieben Kinder

Kernige Waffeln, Reis-Dinos und fruchtige Pfannkuchen – das sind Leckereien, die Ihre Kids „zum Fressen“ gern haben

Reis-Dinos mit Fischstäbchen

ZUTATEN FÜR 4 PERSONEN

- ½ kleine rote Paprikaschote
- ½ Bund Petersilie (z. B. glatte)
- 1 Dose (212 ml) Maiskörner
- 1 mittelgroße Möhre
- 2 TL Gemüsebrühe
- 200 g Langkorn-Reis
- 2 EL Öl
- 1 Packung (450 g; 15 Stück) TK-Fischstäbchen
- 75 g TK-Erbsen
- ⅛ l Milch
- 2 Ecken (à 62,5 g) Sahne-Schmelzkäse
- Salz • Pfeffer

1 Paprika putzen und waschen. Für die „Dino-Zungen" 4 Streifen (ca. 1 x 2 cm) davon abschneiden und jeweils an einer kurzen Seite ein kleines Dreieck herausschneiden. Für die grünen „Dino-Zacken" Petersilie waschen und abzupfen. Mais abtropfen lassen. Möhre schälen, waschen und fein raspeln.

2 Gut ½ l Wasser aufkochen. Brühe einrühren. Reis darin zugedeckt bei schwacher Hitze ca. 10 Minuten garen. Öl in einer großen beschichteten Pfanne erhitzen. Fischstäbchen darin von allen Seiten ca. 8 Minuten goldbraun braten.

3 Erbsen, bis auf 8 Stück zum Garnieren, Mais und Möhre unter den Reis heben, alles weitere 10 Minuten garen. Für die Soße Milch erhitzen. 1 Käse-Ecke in Flöckchen darin schmelzen. Soße abschmecken. Reis evtl. abgießen und 1 Käse-Ecke in Flöckchen darunterrühren. Reis abschmecken. Fischstäbchen schräg durchschneiden.

4 Je 1 kleines und 1 großes Reis-Häufchen auf 4 Teller verteilen. Daraus mit einem Löffel je einen „Dino-Kopf" und „Dino-Körper" formen. Je 1 Paprika-Streifen als Zunge und 2 Erbsen als Augen in den Kopf und die Fischstäbchen und Petersilie als „Zacken" in den Körper stecken. Die Käsesoße dazureichen.
Getränk: Apfelsaft-Schorle

ZUBEREITUNGSZEIT ca. 1 Std.
PORTION ca. 590 kcal
27 g E · 21 g F · 69 g KH

Nudelteller mit Gemüse-Allerlei

ZUTATEN FÜR 4 PERSONEN

- 1 Zwiebel
- 1 Knoblauchzehe
- 75 g junger Gouda (Stück)
- 500 g Broccoli
- 2 mittelgroße Möhren
- 1 TL Gemüsebrühe
- 1 Dose (212 ml) Maiskörner
- 150 g Champignons
- 300 g Nudeln (z. B. Penne)
- Salz • Pfeffer • Zucker
- 1–2 EL Öl
- 1 EL Tomatenmark
- 1 Packung (500 g) passierte Tomaten

ZUBEREITUNGSZEIT ca. 45 Min.
PORTION ca. 490 kcal
23 g E · 14 g F · 65 g KH

1 Zwiebel und Knoblauch schälen. Zwiebel fein würfeln. Knoblauch durchpressen oder hacken. Käse reiben. Broccoli putzen, waschen, in Röschen teilen. Möhren schälen, waschen und würfeln.

2 ¼ l Wasser mit Brühe aufkochen. Möhren und Broccoli darin zugedeckt ca. 6 Minuten garen. Mais abtropfen lassen. Pilze putzen, waschen und je nach Größe halbieren oder vierteln.

3 Nudeln in reichlich kochendem Salzwasser ca. 10 Minuten garen. Gemüse abtropfen, 100 ml Fond auffangen. Zwiebel und Knoblauch im heißen Öl andünsten. Pilze zufügen, goldbraun braten.

4 Tomatenmark, passierte Tomaten und Fond einrühren, aufkochen. Gesamtes Gemüse hineingeben, ca. 2 Minuten köcheln, abschmecken. Nudeln abtropfen. Alles anrichten, mit Käse bestreuen.

Farfalle-Salat „Villa Kunterbunt"

ZUTATEN FÜR 4 PERSONEN

- 150 g TK-Erbsen
- 250 g Nudeln (z. B. Farfalle)
- Salz • Pfeffer • Zucker
- 4 Eier
- 4 mittelgroße Tomaten
- 1 Bund Schnittlauch
- 150 g flüssige saure Sahne
- 2–3 EL fettarmer Joghurt
- 2–3 EL Essig (z. B. Kräuter-Essig)
- 2 EL Öl
- einige Salatblätter

1 Erbsen auftauen. Nudeln in reichlich kochendem Salzwasser 10–12 Minuten garen. Eier hart kochen. Dann Nudeln abtropfen und auskühlen. Eier abschrecken, ebenfalls auskühlen lassen.

2 Tomaten waschen und in Spalten schneiden. Schnittlauch waschen und in Röllchen schneiden.

3 Sahne, Joghurt, Essig, Salz, Pfeffer und etwas Zucker glatt verrühren. Öl darunterschlagen. Schnittlauch einrühren.

4 Eier schälen und in Spalten schneiden. Mit Erbsen, Tomaten und Nudeln unter die Marinade mischen. Mind. 20 Minuten ziehen lassen. Auf Salat anrichten.
Getränk: Tomatensaft.

ZUBEREITUNGSZEIT ca. 30 Min.
AUFTAU-/AUSKÜHLZEIT ca. 30 Min.
MARINIERZEIT mind. 20 Min.
PORTION ca. 460 kcal
20 g E · 18 g F · 51 g KH

Sesam-Gemüsesticks mit Joghurt-Dip

ZUTATEN FÜR 4 PERSONEN

- 1 große Tomate
- 1 Bund Schnittlauch
- 200 g Joghurt-Frischkäse
- 250 g Magermilch-Joghurt
- Salz • Pfeffer
- 2 mittelgroße Kohlrabi
- 4–5 große Möhren
- 2 Eier
- 2 gehäufte EL Mehl
- ca. 4 EL Sesam
- 7–8 EL Öl
- evtl. Petersilie zum Garnieren

1 Tomate waschen, vierteln, entkernen und fein würfeln. Schnittlauch waschen und in Röllchen schneiden. Frischkäse und Joghurt glatt verrühren. Schnittlauch und Tomatenwürfel darunterrühren. Dip mit Salz und Pfeffer abschmecken.

2 Kohlrabi und Möhren schälen und waschen. Kohlrabi erst in dicke Scheiben, dann in dicke Stifte schneiden. Möhren quer halbieren und längs vierteln, sodass ebenfalls dicke Stifte entstehen.

3 Eier in einem tiefen Teller verquirlen und mit Salz und Pfeffer würzen. Mehl und Sesam auf je einen großen flachen Teller geben. Kohlrabi- und Möhrenstifte portionsweise zuerst im Mehl, dann im Ei und zuletzt im Sesam wenden. Sesam gut andrücken.

4 Öl in einer großen beschichteten Pfanne erhitzen. Die Stifte darin portionsweise bei mittlerer Hitze rundherum je ca. 5 Minuten goldbraun braten. Auf Küchenpapier abtropfen lassen. Gemüsesticks mit dem Dip anrichten und mit Petersilie garnieren.
Getränk: kühle Saftschorle.

ZUBEREITUNGSZEIT ca. 50 Min.
PORTION ca. 440 kcal
18 g E · 31 g F · 19 g KH

Pflaumen-Pfannkuchen mit Haferflocken

ZUTATEN FÜR 4–6 PERSONEN

- 4 Eier
- 300 g cremiger Vollmilch-Joghurt
- 1 EL + etwas Zucker
- 200 g Mehl
- 300 ml Mineralwasser mit Kohlensäure
- 50 g + 1 EL kernige Haferflocken
- 500 g Pflaumen/Zwetschen
- 4–6 TL Butter/Margarine
- 150 g Vanille-Joghurt

1 Eier, Joghurt und 1 EL Zucker verrühren. Mehl und 200 ml Mineralwasser im Wechsel unterrühren. 50 g Haferflocken einrühren. Zugedeckt ca. 30 Minuten quellen lassen.

2 Pflaumen waschen, halbieren und entsteinen. 1 EL Haferflocken in einer kleinen beschichteten Pfanne (ca. 20 cm Ø) ohne Fett leicht rösten.

3 1 TL Fett in der Pfanne erhitzen. 100 ml Mineralwasser in den Teig rühren. ¼ bzw. ⅙ Teig in die Pfanne geben. Einige Pflaumenhälften darauflegen. Pfannkuchen pro Seite 3–4 Minuten goldbraun backen, warm stellen. Auf gleiche Weise 3–5 weitere Pfannkuchen backen.

4 Pfannkuchen mit je einem Klecks Vanille-Joghurt anrichten. Mit Haferflocken und Zucker bestreuen.
Getränk: Orangensaft.

ZUBEREITUNGSZEIT ca. 30 Min.
QUELLZEIT ca. 30 Min.
PORTION ca. 380 kcal
13 g E · 13 g F · 49 g KH

Gesundes mit Biss

Haferflocken bringen Pfiff in viele Gerichte, z. B. in Pfannkuchen, Kekse, als Knusperschicht auf Aufläufen oder als Panade für Fisch und Gemüse. Ganz nebenbei liefern sie viele Ballaststoffe, B-Vitamine und hochwertiges Eiweiß.

Quark-Knödel auf Rhabarber-Kompott

ZUTATEN FÜR 4 PERSONEN

- 500 g Rhabarber
- Saft von ½ Zitrone
- 500 g Erdbeeren
- 2–3 EL + 4 EL Zucker
- 1 gehäufter EL (20 g) Speisestärke
- 4 EL Butter/Margarine
- 400 g Magerquark
- 1 Eigelb
- 200 g Grieß
- etwas Mehl • Salz
- evtl. 2 TL gehackte Pistazien und Melisse zum Verzieren

1 Rhabarber putzen, waschen und klein schneiden. Mit 200 ml Wasser und Zitronensaft zugedeckt ca. 5 Minuten dünsten. Erdbeeren waschen, putzen, klein schneiden und zufügen. Mit 2–3 EL Zucker abschmecken. Stärke mit 2 EL kaltem Wasser anrühren, Kompott damit binden. Auskühlen lassen.

2 Fett schmelzen. Quark, Eigelb, Grieß, Fett und 4 EL Zucker glatt verkneten. Daraus mit leicht bemehlten Händen ca. 12 Knödel formen und in siedendem, leicht gesalzenem Wasser 10–12 Minuten ziehen lassen, bis sie oben schwimmen.

3 Knödel herausheben und abtropfen lassen. Rhabarber-Kompott mit den Knödeln darauf anrichten. Pistazien evtl. noch etwas feiner hacken und darüberstreuen. Knödel damit verzieren.
Getränk: Traubensaft-Schorle.

ZUBEREITUNGSZEIT ca. 45 Min.
AUSKÜHLZEIT ca. 1 Std.
PORTION ca. 450 kcal
21 g E · 11 g F · 65 g KH

So schmeckt's auch

Falls Ihre Kinder keinen Rhabarber mögen, können Sie das Kompott auch mit Pfirsichen, Kirschen oder Aprikosen kochen.

Paprika-Zucchini-Lasagne

ZUTATEN FÜR 4 PERSONEN

- 3 Zwiebeln
- 2 Knoblauchzehen
- 1 Zucchini (250 g)
- 2 Paprikaschoten (z. B. rot und gelb)
- 200 g Champignons
- 150 g Möhren
- 2–3 Stiele frischer oder 1–2 TL getrockneter Oregano
- 125 g Parmesan (Stück)
- 2 EL Öl • 1 EL Zucker
- 200 g stückige Tomaten
- Salz • Pfeffer • Muskat
- 2 EL (30 g) Butter/Margarine
- 2 leicht gehäufte EL (30 g) Mehl
- ¼ l Milch • 1 TL Gemüsebrühe
- 12 Lasagneplatten
- Fett für die Form
- evtl. Oregano zum Garnieren

1 Zwiebeln und Knoblauch schälen und würfeln bzw. hacken. Zucchini, Paprika und Pilze putzen, waschen. Möhren schälen, waschen. Gemüse fein würfeln. Pilze klein schneiden. Oregano waschen, bis auf etwas hacken. Käse reiben.

2 Öl in einer Pfanne erhitzen, Zwiebeln und Knoblauch darin andünsten. Mit Zucker bestreuen und karamellisieren. Gemüse zufügen, kurz anbraten. Mit Tomaten ablöschen und aufkochen. Mit Salz, Pfeffer und gehacktem Oregano würzen. Offen ca. 5 Minuten köcheln.

3 Fett erhitzen und Mehl darin anschwitzen. ¼ l Wasser und Milch einrühren. Aufkochen und Brühe darin auflösen, ca. 5 Minuten köcheln. 50 g Parmesan unter Rühren darin schmelzen. Mit Salz, Pfeffer und Muskat abschmecken.

4 Abwechselnd ⅓ der Béchamel-Soße, 4 Lasagneplatten und ⅓ Gemüse in eine gefettete Auflaufform (ca. 2 l Inhalt) schichten. Vorgang zweimal wiederholen. 75 g Parmesan darüberstreuen. Im vorgeheizten Backofen (E-Herd: 200 °C/Umluft: 175 °C/Gas: Stufe 3) 35–40 Minuten backen. Mit Oregano garnieren.
Getränk: trockener Rotwein.

ZUBEREITUNGSZEIT ca. 1½ Std.
PORTION ca. 520 kcal
24 g E · 22 g F · 54 g KH

Gutes aus aller Welt

Hoher Schlemmerfaktor garantiert: Wir präsentieren Ihnen hier die besten Spezialitäten ohne Fleisch

aus Italien

Ratatouille aus dem Ofen

ZUTATEN FÜR 4 PERSONEN

- 1 kleine Gemüsezwiebel
- 3 bunte Paprikaschoten (z. B. grün, gelb und rot)
- 2 Zucchini
- 1 kleine Aubergine
- 500 g neue Kartoffeln
- 4 mittelgroße Tomaten
- 4 Zweige Rosmarin
- 1 Bund/Töpfchen Thymian
- ½ Bund/Töpfchen Oregano
- 1–2 Lorbeerblätter
- grobes Salz • Pfeffer
- 4 Knoblauchzehen
- 10–12 EL Olivenöl
- 150 g Oliven

1 Zwiebel schälen. Paprika putzen und waschen. Beides in grobe Stücke schneiden. Zucchini und Aubergine putzen, waschen und in ca. 1 cm dicke Scheiben schneiden. Kartoffeln gründlich waschen und in Spalten schneiden. Tomaten waschen und kreuzweise einschneiden. Alles auf der Fettpfanne verteilen.

2 Kräuter waschen, Nadeln bzw. Blättchen abzupfen. Mit Lorbeer unter das Gemüse mischen. Gemüse mit Salz und Pfeffer würzen.

3 Knoblauch schälen und grob zerkleinern. Öl erhitzen, Knoblauch kurz darin schwenken. Heißes Öl sofort über das Gemüse gießen. Im vorgeheizten Backofen (E-Herd: 200 °C/Umluft: 175 °C/Gas: Stufe 3) 35–40 Minuten backen, dabei Gemüse mehrmals wenden.

4 Oliven ca. 15 Minuten vor Ende der Garzeit zugeben. Ratatouille mit Salz und Pfeffer abschmecken und anrichten. Dazu passt frisches Landbrot.
Getränk: kühler Roséwein.

ZUBEREITUNGSZEIT ca. 1 Std.
PORTION ca. 480 kcal
10 g E · 32 g F · 34 g KH

Als Beilage oder Vorspeise

Die typische provenzalische Ratatouille (sprich: Ratatui) ist eigentlich eine Beilage zu Fleisch oder Fisch. Sie schmeckt aber auch kalt ganz köstlich.

Falafel zu Petersilien-Salat

ZUTATEN FÜR 4 PERSONEN

- 250 g getrocknete Kichererbsen
- 3 Bund glatte Petersilie
- 2 Zwiebeln
- 2 Knoblauchzehen
- Salz • Pfeffer
- ca. ½ TL Edelsüß-Paprika
- 1½ TL gemahlener Kreuzkümmel
- 5 mittelgroße Tomaten
- Saft von 1 Zitrone
- 9–10 EL Öl
- 2–3 Stiele Minze
- 400–500 g cremiger Joghurt

1 Kichererbsen abspülen und in reichlich kaltem Wasser ca. 12 Stunden einweichen.

2 Kichererbsen abtropfen lassen. Petersilie waschen, Blättchen abzupfen. Zwiebeln und Knoblauch schälen. Knoblauch und 1 Zwiebel grob zerkleinern. Mit Kichererbsen und Hälfte Petersilienblättchen evtl. portionsweise pürieren. Mit Salz, Pfeffer, Paprika und Kreuzkümmel kräftig würzen. Zugedeckt ca. 1 Stunde kalt stellen.

3 Rest Petersilie und 1 Zwiebel grob hacken. Tomaten waschen und fein würfeln. Zitronensaft, bis auf 1–2 TL, Salz und Pfeffer verrühren. 4 EL Öl darunterschlagen. Mit Petersilie, Tomaten und Zwiebel mischen.

4 Minze waschen, abzupfen und fein schneiden. Unter den Joghurt rühren. Mit Salz, Pfeffer und 1–2 TL Zitronensaft abschmecken.

5 Aus der Kichererbsenmasse ca. 20 ovale Bällchen formen. 5–6 EL Öl in einer beschichteten Pfanne erhitzen. Bällchen darin portionsweise rundherum 4–5 Minuten braten. Gut abtropfen lassen. Falafel mit Salat und Joghurt anrichten. Dazu passt dünnes Fladenbrot.
Getränk: Pfefferminztee.

ZUBEREITUNGSZEIT ca. 1 Std.
EINWEICHZEIT ca. 12 Std.
KÜHLZEIT ca. 1 Std.
PORTION ca. 400 kcal
17 g E · 21 g F · 34 g KH

Spinatrollen mit Feta

ZUTATEN FÜR 12 STÜCK

- 1 Stange Porree (ca. 200 g; Lauch)
- 5–6 EL + etwas Olivenöl
- 1 EL + 75–100 g Butter
- 750 g Blattspinat
- 1 Bund Dill
- 400 g Fetakäse
- 2 Eier (Gr. M)
- 2 Packungen (à 400 g; à 5 Stück) Filo-Teig (runde Teigblätter; gibt's in südländischen Lebensmittelläden)
- evtl. Bio-Zitronenscheiben zum Garnieren

1 Porree putzen, waschen und in Ringe schneiden. 3 EL Öl und 1 EL Butter im Topf erhitzen. Porree darin zugedeckt ca. 10 Minuten dünsten.

2 Spinat putzen, waschen und grob hacken. Dill waschen und fein schneiden. Käse zerbröckeln. Mit Spinat, Dill, 2–3 EL Öl und 1 verquirlten Ei unter den heißen Porree rühren. Auskühlen lassen.

3 75–100 g Butter zerlassen. 1 Ei verquirlen. Teigblätter ausbreiten und in ca. 24 Stücke (ca. 20 x 30 cm) schneiden. Ca. 12 Teigblätter erst mit Butter, dann mit Ei bestreichen und mit je 1 Teigblatt bedecken. Jeweils etwas Füllung darauf verteilen, dabei rundherum ca. 3 cm Rand frei lassen. Seiten nach innen einschlagen und zu dicken Rollen aufrollen.

4 Nebeneinander in einen geölten flachen Bräter oder auf die Fettpfanne des Backofens legen. Im vorgeheizten Backofen (E-Herd: 200 °C/Umluft: 175 °C/Gas: Stufe: 3) 25–30 Minuten backen. Mit Zitrone garnieren.
Getränk: kühler Weißwein.

ZUBEREITUNGSZEIT ca. 1 Std.
BACKZEIT 25–30 Min.
STÜCK ca. 360 kcal
13 g E · 17 g F · 37 g KH

aus Griechenland

Paella mit Miesmuscheln

ZUTATEN FÜR 2–3 PERSONEN

- 500 g Miesmuscheln
- 1 mittelgroße Zwiebel
- 1 Knoblauchzehe
- 2 Paprikaschoten (z. B. rot und gelb)
- 1 mittelgroße Zucchini
- 2 EL Öl (z. B. Olivenöl)
- 300 g Paella- oder Risotto-Reis
- 100 ml Weißwein oder Brühe
- 1 Tütchen gemahlener Safran
- 3 TL Gemüsebrühe
- 1 kleines Lorbeerblatt
- Salz • Pfeffer
- 100 g TK-Erbsen

1 Miesmuscheln unter fließendem kaltem Wasser gut abbürsten, Bartfäden dabei entfernen. Offene Muscheln aussortieren.

2 Zwiebel und Knoblauch schälen und fein hacken. Paprika und Zucchini putzen, waschen und würfeln.

3 Öl in einer großen Pfanne erhitzen. Zwiebel und Knoblauch darin andünsten. Reis kurz mit andünsten. Mit Wein und ¾ l Wasser ablöschen, aufkochen. Safran, Brühe und Lorbeer zufügen. Alles zugedeckt ca. 25 Minuten köcheln.

4 Nach ca. 15 Minuten Reis würzen. Paprika, Zucchini und Muscheln zufügen und weitergaren. Erbsen die letzten 5 Minuten mitgaren. Geschlossene Muscheln und Lorbeer entfernen.
Getränk: kühler Roséwein.

ZUBEREITUNGSZEIT ca. 45 Min.
PORTION ca. 560 kcal
20 g E · 9 g F · 90 g KH

Einkaufs-Tipp

Frische Miesmuscheln gibt's in allen Monaten mit „r", also von September bis April. Außerhalb der Saison sollten Sie zu TK-Muscheln greifen.

Überbackene Fächer-Kartoffeln

ZUTATEN FÜR 4 PERSONEN

- 1,2–1,5 kg mittelgroße festkochende Kartoffeln
- 2–3 EL Öl • Salz • Pfeffer
- 150 g Schnittkäse (z. B. Jarlsberg oder Höhlenkäse; Stück)
- 100 g Crème fraîche
- 200 g Schlagsahne
- 1 Bund Dill

1 Kartoffeln unter fließendem Wasser gründlich waschen, evtl. dünn schälen. Kartoffeln auf einen Esslöffel legen und mit dem Messer dicht an dicht ein-, aber nicht durchschneiden.

2 Kartoffeln mit den Einschnitten nach oben in eine geölte Auflaufform setzen. Mit Salz bestreuen, mit restlichem Öl beträufeln. Im vorgeheizten Backofen (E-Herd: 175 °C/Umluft: 150 °C/Gas: Stufe 2) ca. 20 Minuten vorbacken.

3 Inzwischen Käse fein reiben. Crème fraîche und Sahne verrühren. Mit Salz und Pfeffer kräftig würzen, über die Kartoffeln gießen. Den Käse darüberstreuen. Kartoffeln bei gleicher Temperatur weitere 40 Minuten backen.

4 Dill waschen, trocken schütteln und fein schneiden. Kartoffeln vor dem Servieren mit dem Dill bestreuen. Dazu passen grüner Salat und Räucherlachs. **Getränk:** kühles Bier.

ZUBEREITUNGSZEIT ca. 1½ Std.
PORTION ca. 610 kcal
18 g E · 40 g F · 39 g KH

aus Schweden

Tacos mit Chili-Bohnen

ZUTATEN FÜR 8 STÜCK

- 4 mittelgroße Zwiebeln
- 2 Knoblauchzehen
- 1 Dose (425 ml) weiße Bohnenkerne
- 1 Dose (425 ml) Kidney-Bohnen
- 1 Bund Petersilie (z. B. glatte)
- 8 Tacoschalen
- 2 EL Olivenöl
- ½ Flasche (125 ml) Chili-Sauce
- Salz • Pfeffer
- einige Spritzer Zitronensaft
- evtl. Bio-Zitronenscheiben und frische Kräuter zum Garnieren

1 Zwiebeln schälen, in Spalten schneiden. Knoblauch schälen, durch die Knoblauchpresse drücken. Bohnen abspülen und abtropfen lassen. Petersilie waschen und in Streifen schneiden.

2 Tacos im vorgeheizten Backofen (E-Herd: 175 °C/Umluft: 150 °C/Gas: Stufe 2) ca. 3 Minuten erhitzen.

3 Öl in einer Pfanne erhitzen. Zwiebeln und Knoblauch darin goldbraun braten. Bohnen und Chili-Sauce einrühren. Aufkochen und kurz köcheln. Mit Salz, Zitronensaft und etwas Pfeffer abschmecken. Petersilie unterheben. Füllung in die Tacos verteilen. Anrichten und mit Zitrone und Kräutern garnieren.
Getränk: kühles Radler/Alsterwasser.

ZUBEREITUNGSZEIT ca. 20 Min.
PORTION ca. 170 kcal
7 g E · 7 g F · 19 g KH

Extra-Tipp

Statt der fertigen Chili-Sauce können Sie auch selbst eine köcheln: Zwiebel- und Knoblauchwürfel in Öl andünsten, mit 1 Packung passierten Tomaten ablöschen und ca. 10 Minuten einkochen. Mit Chilipulver, Salz und Zucker feurig abschmecken.

Minestrone mit Nudeln & Röstbrot

ZUTATEN FÜR 4 PERSONEN

- je 250 g Wirsingkohl, Möhren und Staudensellerie
- 1 kleine Zucchini
- 1 mittelgroße Zwiebel
- 4 EL Olivenöl
- 2 EL Gemüsebrühe
- 2 mittelgroße Tomaten
- 1 Dose (425 ml) weiße Bohnenkerne
- 150 g TK-Erbsen
- 50 g Suppennudeln (z. B. kurze Makkaroni)
- 1–2 Knoblauchzehen
- 8 Scheiben Weißbrot (z. B. Ciabatta)
- Salz • Pfeffer
- 40 g Parmesan (Stück)

1 Gemüse putzen, waschen und klein schneiden. Zwiebel schälen und würfeln. Alles in 2 EL heißem Öl andünsten. 1 l Wasser und Brühe zufügen, aufkochen. Zugedeckt ca. 20 Minuten kochen.

2 Inzwischen Tomaten überbrühen, abschrecken, häuten und würfeln. Bohnen abtropfen lassen. Tomaten, Bohnen, Erbsen und Nudeln nach ca. 10 Minuten zufügen und mitgaren.

3 Knoblauch schälen und fein hacken. 2 EL Öl erhitzen. Knoblauch kurz darin anbraten. Brot zufügen und von beiden Seiten goldbraun rösten.

4 Minestrone mit Salz und Pfeffer abschmecken, anrichten. Parmesan fein reiben und darüberstreuen. Das Röstbrot dazureichen.

ZUBEREITUNGSZEIT ca. 40 Min.
PORTION ca. 440 kcal
19 g E · 15 g F · 54 g KH

Asia-Gemüse „süßsauer" mit Garnelen

ZUTATEN FÜR 4 PERSONEN

- 750 g Weißkohl
- 2 Paprikaschoten (z. B. gelb und rot)
- 1 Dose (446 ml) Ananasringe
- 150 g Mungobohnen-Keimlinge
- 2 große Zwiebeln
- 10–12 große rohe Garnelen (ohne Kopf und Schale; ca. 200 g)
- 1 EL Öl
- Salz • Pfeffer
- 2–3 EL Tomaten-Ketchup
- 1 EL Weißwein-Essig
- etwas Sambal Oelek
- 1–2 TL Speisestärke

1 Kohl und Paprika putzen, waschen und in breite Streifen bzw. Stücke schneiden. Ananas abtropfen lassen, Saft auffangen. Ananas klein schneiden. Keimlinge verlesen und waschen. Zwiebeln schälen und fein würfeln.

2 Garnelen waschen, trocken tupfen, evtl. den schwarzen Darm entfernen. Öl im Wok oder in einer großen Pfanne erhitzen. Garnelen darin pro Seite ca. 2 Minuten braten. Mit Salz und Pfeffer würzen, herausnehmen. Kohl im Bratfett unter Wenden ca. 8 Minuten braten. Zwiebeln und Paprika ca. 3 Minuten mitbraten. Mit Salz würzen. Keimlinge und Ananas zufügen.

3 Ananassaft, Ketchup, Essig und Sambal verrühren, einrühren und zugedeckt ca. 5 Minuten schmoren. Stärke und 2 EL Wasser glatt rühren. In die Soße rühren und aufkochen. Garnelen darin erhitzen. Mit Salz abschmecken. Dazu passt Basmati-Reis.
Getränk: kühler Weißwein.

ZUBEREITUNGSZEIT ca. 35 Min.
PORTION ca. 230 kcal
15 g E · 4 g F · 33 g KH

Einkaufs-Tipp

Frische Mungobohnen-Keimlinge gibt's abgepackt inzwischen schon in fast jedem Supermarkt. Gut zu wissen: Die Sprossen sollten schön knackig sein und keine braunen Stellen haben. Im Kühlschrank im Gemüsefach halten sie sich locker 3 Tage.

Topfenknödel mit Zwetschkenröster

ZUTATEN FÜR 4 PERSONEN

- 750 g Zwetschen/Pflaumen
- 50 g + 1 TL Zucker
- 1 Päckchen Vanillin-Zucker
- 1 Stück Schale von 1 Bio-Zitrone
- 1 Zimtstange
- 1 gehäufter EL Speisestärke
- 100 g + 25 g Butter
- 125 g Magerquark (Topfen)
- Salz
- 50 g Mehl
- 3 EL Mandelblättchen
- 2 EL Paniermehl
- Puderzucker zum Bestäuben

1 Zwetschen waschen, entsteinen und in Spalten schneiden. Mit ⅛ l Wasser, 50 g Zucker, Vanillin-Zucker, Zitronenschale und Zimt zugedeckt bei schwacher Hitze ca. 10 Minuten dünsten. Schale und Zimtstange entfernen. Stärke und etwas Wasser verrühren. Kompott damit binden. Auskühlen lassen.

2 100 g Butter schmelzen, etwas abkühlen lassen. Mit Quark, 1 TL Zucker und 1 Prise Salz verrühren. Mehl löffelweise unterrühren. Die Masse ca. 20 Minuten ruhen lassen.

3 Ca. 1 l leicht gesalzenes Wasser aufkochen. Aus der Knödelmasse mit angefeuchteten Händen ca. 12 kleine Knödel formen. Im Salzwasser bei schwacher Hitze ca. 15 Minuten ziehen lassen, bis sie oben schwimmen.

4 Mandeln rösten und herausnehmen. 25 g Butter schmelzen. Paniermehl darin goldbraun rösten. Knödel abtropfen lassen und in der Brösel-Butter schwenken. Mit dem Kompott anrichten. Mit Mandeln und Puderzucker bestreuen. **Getränk:** kühler Weißwein.

ZUBEREITUNGSZEIT ca. 40 Min.
AUSKÜHLZEIT ca. 1 Std.
PORTION ca. 540 kcal
8 g E · 30 g F · 55 g KH

aus Österreich

Mandelcreme mit gebratenen Bananen

ZUTATEN FÜR 4 PERSONEN

- 200 g gemahlene Mandeln (ohne Haut)
- 150 g Zucker
- abgeriebene Schale von 1 Bio-Zitrone
- 1 Msp. Zimt
- 4 frische Eigelb (Gr. M)
- 1–2 EL Butter
- 8 kleine Bananen (à ca. 80 g)
- 3–4 EL flüssiger Honig
- evtl. Melisse und Bio-Zitronenschale zum Garnieren

1 Mandeln ohne Fett goldbraun rösten. 400 ml Wasser und Zucker aufkochen. Offen ca. 5 Minuten köcheln, öfter umrühren. Zitronenschale, Zimt und Mandeln einrühren. Etwas abkühlen lassen. Eigelb verquirlen, unterrühren und alles kurz aufkochen. Mandelcreme in eine Schüssel füllen, auskühlen lassen.

2 Kurz vor dem Servieren Butter in einer Pfanne zerlassen. Bananen schälen und darin 4–5 Minuten rundherum goldbraun braten. Mit Honig beträufeln und die Bananen nochmals wenden.

3 Von der Mandelcreme mit 2 Esslöffeln große Nocken abstechen. Mit den gebratenen Bananen samt Honigbutter anrichten. Mit Melisse und Zitronenschale verzieren.

Getränk: kühler Dessertwein.

ZUBEREITUNGSZEIT ca. 30 Min.
AUSKÜHLZEIT ca. 1 Std.
PORTION ca. 660 kcal
14 g E · 36 g F · 66 g KH

Pikanter Sauerkrautsalat

ZUTATEN FÜR 4 PERSONEN

- 1 Dose (850 ml) Sauerkraut
- 2 Paprikaschoten (z. B. rot)
- ½ Bund Lauchzwiebeln
- 3 Orangen
- Salz • Pfeffer
- Zucker
- 2–3 EL Öl
- ½ Bund Petersilie
- 75 g Feldsalat

1 Sauerkraut abtropfen lassen. Paprika und Lauchzwiebeln putzen, waschen und in Streifen bzw. Ringe schneiden.

2 2 Orangen so schälen, dass die weiße Haut vollständig entfernt wird. Fruchtfleisch klein schneiden. 1 Orange auspressen. Saft mit Salz, Pfeffer und etwas Zucker verrühren. Öl darunterschlagen.

3 Sauerkraut etwas auseinanderzupfen. Mit Paprika, Lauchzwiebeln, Orangen und der Marinade mischen. Alles kurz ziehen lassen.

4 Petersilie waschen und fein hacken. Feldsalat putzen, waschen und trocken schütteln. Sauerkrautsalat nochmals abschmecken und mit dem Feldsalat anrichten. Petersilie darüberstreuen. Dazu schmeckt frisches Bauernbrot. **Getränk:** kühles Mineralwasser.

ZUBEREITUNGSZEIT ca. 30 Min.
PORTION ca. 130 kcal
4 g E · 6 g F · 14 g KH

Vielseitig und gesund

Ob aus Dose, Glas oder Beutel – Sauerkraut ist ideal für die schnelle Küche und obendrein auch noch gesund. Und mit rohem Sauerkraut, das nicht erhitzt wird, wird der Salat sogar noch wertvoller, denn es enthält noch aktive Milchsäurebakterien.

Das machen Sie mit links

Sie haben nur wenig Zeit? Na und! Diese Blitzgerichte stehen schon nach 30 Minuten auf dem Tisch. Super, oder?

Rahm-Pfifferlinge mit Polenta

ZUTATEN FÜR 4 PERSONEN

- Salz • Pfeffer
- 1 EL Öl
- 160 g Polenta (Maisgrieß)
- 500 g Pfifferlinge
- 1 mittelgroße Zwiebel
- 3 EL Butter
- 2 leicht gehäufte EL (30 g) Mehl
- 150 g stichfeste saure Sahne
- 150 ml Buttermilch oder Milch
- ½ Bund Petersilie
- 3–4 Stiele Majoran

1 1 l Wasser, ca. 1 TL Salz und Öl aufkochen. Grieß einrühren und zugedeckt bei schwacher Hitze ca. 15 Minuten quellen lassen, öfter umrühren. Vom Herd nehmen und weitere 10 Minuten ausquellen lassen, dabei ab und zu umrühren.

2 Pilze putzen, evtl. waschen und abtropfen lassen. Große Pilze klein schneiden. Zwiebel schälen und hacken. 2 EL Butter erhitzen. Zwiebel darin andünsten. Pilze zufügen und ca. 10 Minuten mitbraten. Mit Salz und Pfeffer würzen.

3 Pilze mit Mehl bestäuben und kurz anschwitzen. Sahne und Buttermilch einrühren. Unter gelegentlichem Rühren ca. 5 Minuten köcheln.

4 Kräuter waschen, hacken und zu den Pilzen geben. Abschmecken. Mit der Polenta anrichten. 1 EL Butter goldbraun schmelzen, über die Polenta träufeln. **Getränk:** kühler Weißwein.

ZUBEREITUNGSZEIT ca. 30 Min.
PORTION ca. 350 kcal
8 g E · 19 g F · 35 g KH

Schon mal probiert?

Polenta wird vor allem im Norden Italiens als Beilage gegessen. Basis ist der Polentagrieß aus Mais, der in Salzwasser oder Milch ausquellen muss. Meist wird er noch mit Butter oder geriebenem Käse verfeinert. Oder man streicht den „Brei“ in eine Form und lässt ihn auskühlen. Danach kann man ihn in Rauten schneiden und in heißem Fett goldgelb braten.

Würziges Schmorgemüse

FÜR 2–3 PERSONEN

- 500 g Paprikaschoten (z. B. grün, gelb und rot)
- 750 g Tomaten
- 2 mittelgroße Zucchini
- 2 große Zwiebeln
- 3 Knoblauchzehen
- 1 Mozzarella (125 g)
- 2 EL Öl (z. B. Olivenöl)
- Salz • Pfeffer
- Edelsüß-Paprika
- 2 TL getrocknete Kräuter der Provence
- evtl. frisches Basilikum und Rosmarin zum Garnieren

1 Gemüse putzen und waschen. Paprika und Tomaten in Stücke, Zucchini in Scheiben schneiden. Zwiebeln schälen, grob würfeln. Knoblauch schälen und fein hacken oder durchpressen. Mozzarella in Würfel schneiden.

2 Öl in einem weiten Topf erhitzen. Zwiebeln, Knoblauch, Paprika und Zucchini darin 5–6 Minuten andünsten. Tomaten zufügen. Mit Salz, Pfeffer, Edelsüß-Paprika und Kräutern der Provence würzen. Zugedeckt bei schwacher Hitze ca. 10 Minuten schmoren.

3 Ca. 2 Minuten vor Ende der Garzeit Mozzarella unterrühren und schmelzen lassen. Gemüse nochmals mit Salz, Pfeffer und Paprikapulver abschmecken. Anrichten und garnieren. Dazu schmeckt frisches Baguette oder Reis.
Getränk: kühler Roséwein.

ZUBEREITUNGSZEIT ca. 30 Min.
PORTION ca. 310 kcal
16 g E · 17 g F · 20 g KH

Spaghetti mit Möhren-Basilikum-Soße

ZUTATEN FÜR 4 PERSONEN

- Salz
- 500 g Möhren
- 1 mittelgroße Zwiebel
- 1 Knoblauchzehe
- 50 g Erdnusskerne
- 2 EL Öl (z. B. Olivenöl)
- 1–2 TL Gemüsebrühe
- 400–500 g Spaghetti (z. B. weiße und grüne)
- 100 g Schlagsahne
- Edelsüß-Paprika
- Zucker
- ½ Bund/Töpfchen Basilikum

1 Reichlich Salzwasser aufkochen. Möhren schälen, waschen und, bis auf eine, zerkleinern. Zwiebel und Knoblauch schälen, hacken bzw. durchpressen.

2 Nüsse rösten, herausnehmen. Zwiebel, Knoblauch und Möhren im heißen Öl andünsten. Mit ½ l Wasser ablöschen. Aufkochen und Brühe einrühren. Zugedeckt ca. 15 Minuten garen.

3 Übrige Möhre fein würfeln. Spaghetti im kochenden Salzwasser ca. 10 Minuten bissfest garen.

4 Möhren in der Brühe pürieren. Sahne einrühren. Soße mit Salz, Paprika und etwas Zucker abschmecken. Möhrenwürfel zufügen, ca. 5 Minuten mitgaren.

5 Basilikum waschen, abzupfen und, bis auf einige Blättchen, in feine Streifen schneiden. Mit den Erdnüssen zufügen.

6 Spaghetti abtropfen lassen und mit der Möhren-Basilikum-Soße anrichten. Mit übrigem Basilikum garnieren. **Getränk:** kühles Mineralwasser.

ZUBEREITUNGSZEIT ca. 25 Min.
PORTION ca. 600 kcal
18 g E · 23 g F · 75 g KH

Kräuter-Reis mit Broccoli & Erbsen

ZUTATEN FÜR 4 PERSONEN

- 2 Zwiebeln
- 2 EL Öl
- 200 g Langkorn-Reis
- 2 TL Gemüsebrühe
- 800 g Broccoli
- 200 g TK-Erbsen
- 1 TL TK-italienische-Kräuter
- Salz • Pfeffer
- 80 g Parmesan (Stück)

1 Zwiebeln schälen und klein schneiden. Im heißen Öl andünsten. Reis kurz mitdünsten. ½ l Wasser angießen und aufkochen, Brühe einrühren. Zugedeckt ca. 20 Minuten garen.

2 Broccoli putzen, waschen und in kleine Röschen schneiden. In wenig kochendem Salzwasser zugedeckt ca. 5 Minuten dünsten. Broccoli abgießen. Mit Erbsen und Kräutern ca. 5 Minuten vor Garzeitende zum Reis geben, würzen. Parmesan darüberhobeln oder -reiben. **Getränk:** kühles Mineralwasser.

ZUBEREITUNGSZEIT ca. 30 Min.
PORTION ca. 390 kcal
18 g E · 11 g F · 52 g KH

Am besten frisch gerieben

Kaufen Sie Parmesan lieber im Stück. Dann können Sie ihn nach Bedarf frisch reiben – so schmeckt er einfach am besten. In Frischhaltefolie hält er sich mehrere Wochen im Kühlschrank.

Champignons in Tomaten-Sahne

ZUTATEN FÜR 4 PERSONEN

- 1 kg kleine Champignons
- 1 Zwiebel
- 3 Knoblauchzehen
- 2 EL Öl (z. B. Olivenöl)
- Salz • Cayennepfeffer
- 1 gehäufter EL (20 g) Mehl
- 1 Dose (850 ml) Tomaten
- 1 TL Gemüsebrühe
- 200 g Schlagsahne
- Zucker
- 1 Bund/Töpfchen Basilikum

1 Champignons putzen, waschen und trocken tupfen. Zwiebel und Knoblauch schälen, hacken. Öl in einer großen Pfanne erhitzen. Champignons darin, evtl. portionsweise, goldbraun braten. Zwiebel und Knoblauch kurz mitbraten. Mit Salz und Cayennepfeffer würzen.

2 Champignons mit Mehl bestäuben und anschwitzen. Tomaten samt Saft zufügen, Tomaten etwas zerdrücken. Ca. ¼ l Wasser und Brühe einrühren. Alles aufkochen und ca. 15 Minuten köcheln.

3 Sahne einrühren, erhitzen. Mit Salz, Cayennepfeffer und Zucker abschmecken. Basilikum waschen, abzupfen, in Streifen schneiden und darüberstreuen. Dazu schmeckt Ciabatta.
Getränk: weißer Landwein.

ZUBEREITUNGSZEIT ca. 30 Min.
PORTION ca. 290 kcal
11 g E · 21 g F · 12 g KH

Optimaler Pilz-Genuss

Achten Sie bei Champignons darauf, dass sie makellos, mit hellen Schnittstellen sind. Die müssen Sie beim Putzen dann nicht mal entfernen. Damit die Pilze sich beim Waschen nicht vollsaugen, nur unter fließendem Wasser kurz abspülen.

Fenchelspalten mit Käsesoße

ZUTATEN FÜR 4 PERSONEN

- 800 g–1 kg Kartoffeln
- Salz • Pfeffer
- 750 g Fenchel
- 1 TL Gemüsebrühe
- 250 g Kirschtomaten
- 75 g Gouda (Stück)
- 200 g Schlagsahne
- 3–4 EL heller Soßenbinder
- ½ Bund Schnittlauch

1 Kartoffeln in Salzwasser zugedeckt ca. 20 Minuten kochen.

2 Fenchel putzen (etwas Fenchelgrün beiseite legen), waschen und in Spalten schneiden. Fenchelspalten in ¼ l Wasser mit Brühe zugedeckt ca. 10 Minuten dünsten. Fenchelgrün hacken. Tomaten waschen, halbieren.

3 Käse reiben. Fenchel aus der Brühe heben. Sahne zur Brühe gießen, aufkochen und binden. Käse zugeben und unter Rühren darin schmelzen. Mit Pfeffer und evtl. Salz abschmecken.

4 Fenchelspalten und Tomatenhälften in der Soße erhitzen. Schnittlauch waschen und in Röllchen schneiden.

5 Kartoffeln abgießen. Mit Gemüse und Käsesoße anrichten. Schnittlauch und Fenchelgrün darüberstreuen.
Getränk: kühle Saftschorle.

ZUBEREITUNGSZEIT ca. 30 Min.
PORTION ca. 430 kcal
17 g E · 22 g F · 38 g KH

Kartoffel-Bohnen-Ragout mit Ei

ZUTATEN FÜR 4 PERSONEN

- 1 kg festkochende Kartoffeln
- 2–3 Möhren (ca. 200 g)
- 400–500 g Schneidebohnen
- ½ Bund/Töpfchen frischer oder ½ TL getrockneter Thymian
- 2–3 TL Gemüsebrühe
- 100 ml Milch
- 6 Eier
- 2 leicht gehäufte EL (30 g) Mehl
- 2 EL (30 g) Butter/Margarine
- Salz • Pfeffer • Muskat

1 Kartoffeln und Möhren schälen und waschen. Kartoffeln in dicke Scheiben, Möhren in grobe Würfel schneiden. Bohnen putzen, waschen und in Stücke schneiden. Thymian waschen und, bis auf etwas zum Garnieren, abzupfen.

2 Kartoffeln in knapp 1 l Wasser aufkochen. Bohnen und Brühe zufügen und zugedeckt zunächst ca. 8 Minuten garen. Möhren und Thymian ca. 5 Minuten mitgaren. Milch zugießen.

3 Eier wachsweich kochen. Mehl und Fett zum glatten Kloß verkneten. Mehlkloß zum Gemüse geben und so lange rühren, bis er sich vollständig aufgelöst hat. Ca. 5 Minuten weiterköcheln, dabei öfter umrühren.

4 Kartoffel-Ragout mit Salz, Pfeffer und Muskat abschmecken. Eier abschrecken, schälen und halbieren. Alles anrichten, mit Rest Thymian garnieren.
Getränk: kühles Radler/Alsterwasser.

ZUBEREITUNGSZEIT ca. 30 Min.
PORTION ca. 430 kcal
20 g E · 18 g F · 45 g KH

Lecker variiert

Statt mit Schneidebohnen können Sie das Ragout auch mit Brechbohnen oder jungen Erbsen (frisch oder TK) zubereiten.

Nudeln in Zucchini-Kräutersoße

ZUTATEN FÜR 4 PERSONEN

- Salz • Pfeffer
- 2 Zucchini
- 2–3 mittelgroße Tomaten
- 400 g Nudeln (z. B. Penne)
- 2 EL Öl
- ¼ l Milch
- 2 TL Gemüsebrühe
- ca. ½ TL Thymian
- 3–4 EL heller Soßenbinder
- 2 EL körniger Senf
- 50 g Gouda (Stück)

1 Reichlich Salzwasser aufkochen. Gemüse putzen und waschen. Zucchini in Scheiben schneiden. Tomaten entkernen und fein würfeln. Nudeln im kochenden Wasser ca. 10 Minuten garen.

2 Zucchini im heißen Öl anbraten. ¼ l Wasser und Milch angießen, aufkochen und Brühe einrühren. Mit Thymian ca. 5 Minuten garen, binden. Mit Salz, Pfeffer und Senf abschmecken.

3 Nudeln mit der Soße anrichten. Mit den Tomatenwürfeln bestreuen. Käse darüberraspeln.

Getränk: kühle Weinschorle.

ZUBEREITUNGSZEIT ca. 20 Min.
PORTION ca. 550 kcal
21 g E · 14 g F · 82 g KH

Bohnenpfanne mit Feta & Knoblauchbrot

ZUTATEN FÜR 4 PERSONEN

- 2 Dosen (à 425 ml) weiße Bohnenkerne
- 1 Dose (425 ml) Kidney-Bohnen
- 2–3 Zwiebeln
- 3 mittelgroße Tomaten
- einige Stiele frischer oder 1 TL getrockneter Thymian
- 2–3 EL Öl (z. B. Olivenöl)
- 2 EL Tomatenmark
- Salz • Pfeffer
- 100 g Schlagsahne
- 1–2 TL Gemüsebrühe
- 2 Knoblauchzehen
- 2 dicke Scheiben Bauernbrot
- 2–3 EL Butter/Margarine
- 150–200 g Fetakäse

1 Bohnen abgießen, abspülen und abtropfen lassen. Zwiebeln schälen und grob würfeln. Tomaten waschen, grob schneiden. Thymian waschen und, bis auf etwas zum Garnieren, abzupfen.

2 Öl in einer großen Pfanne erhitzen. ⅔ Zwiebeln darin glasig dünsten. Tomatenmark mit anschwitzen. Tomaten und Thymian zufügen, ca. 5 Minuten dünsten. Bohnen zufügen. Mit Salz und Pfeffer würzen. ⅛ l Wasser, Sahne und Brühe einrühren. Aufkochen und zugedeckt 4–5 Minuten köcheln.

3 Knoblauch schälen, in Scheibchen schneiden. Brotscheiben halbieren. Beides im heißen Fett rösten. Bohnenpfanne mit Salz und Pfeffer abschmecken. Käse grob zerbröckeln. Mit Rest Zwiebeln darüberstreuen, mit übrigem Thymian garnieren. Knoblauchbrot dazureichen. **Getränk:** roter Landwein.

ZUBEREITUNGSZEIT ca. 30 Min.
PORTION ca. 610 kcal
26 g E · 26 g F · 64 g KH

Nicht die Bohne langweilig

Ihnen fällt zu Hülsenfrüchten nur Linsensuppe ein?
Holen Sie sich hier neue Ideen mit Erbsen, Bohnen & Co.

Schnelle Tortilla mexicana

ZUTATEN FÜR 4 PERSONEN

- 1 Dose (425 ml) Kidney-Bohnen
- 1 Dose (212 ml) Maiskörner
- 1 mittelgroße Zwiebel
- 1–2 Knoblauchzehen
- 2 EL Öl
- 150 g TK-Erbsen
- 6–8 Eier
- 150 ml Milch
- Salz • Pfeffer
- Chilipulver oder Tabasco
- ½ Bund Petersilie
- 4 EL Crème fraîche oder Schmand

1 Bohnen und Mais abgießen. Bohnen abspülen, gut abtropfen lassen. Zwiebel und Knoblauch schälen, hacken.

2 Öl in einer großen Pfanne erhitzen. Zwiebel und Knoblauch darin glasig dünsten. Bohnen, Mais und Erbsen zufügen und kurz andünsten.

3 Eier, Milch, Salz, Pfeffer und Chilipulver verquirlen. Über das Gemüse gießen und zugedeckt bei schwacher Hitze ca. 10 Minuten stocken lassen.

4 Tortilla auf einen großen flachen Topfdeckel oder auf einen Teller gleiten lassen. Tortilla umgedreht in die Pfanne geben und von dieser Seite ebenfalls ca. 10 Minuten goldbraun backen.

5 Petersilie waschen und hacken. Tortilla in Portionsstücke schneiden und mit je 1 EL Crème fraîche anrichten. Mit Petersilie und Chilipulver bestreuen.
Getränk: leichter Rotwein.

ZUBEREITUNGSZEIT ca. 30 Min.
PORTION ca. 420 kcal
24 g E · 23 g F · 26 g KH

Frische Erbsensuppe mit Lachs

ZUTATEN FÜR 4–6 PERSONEN

- 200–250 g Lachsfilet
- Saft von ½ Zitrone
- 1 TL Zucker • Salz • Pfeffer
- 1 EL Öl
- 2 Schalotten oder 1 kleine Zwiebel
- 1 EL Butter
- 800 ml Fischfond (Glas) oder Gemüsebrühe
- 2–3 Gewürznelken
- 750 g TK-Erbsen (oder s. Tipp)
- 3–4 Stiele Brunnenkresse oder etwas Kresse
- 6–8 EL Schlagsahne

1 Lachs waschen, trocken tupfen und in ca. 2 cm große Würfel schneiden. Zitronensaft, Zucker und Öl verrühren. Mit dem Lachs mischen und 2–3 Stunden marinieren. Danach salzen.

2 Schalotten schälen und fein würfeln. Butter in einem großen Topf erhitzen. Schalotten darin glasig dünsten. Mit Fond ablöschen, Nelken und ⅔ Erbsen zufügen. Aufkochen und zugedeckt bei schwacher Hitze ca. 15 Minuten köcheln. Nelken herausnehmen.

3 Brunnenkresse putzen, waschen und die Blättchen abzupfen. Erbsen in dem Fond fein pürieren. Alles mit Salz und Pfeffer würzen. Übrige Erbsen zufügen, aufkochen und weitere ca. 7 Minuten köcheln. Sahne leicht anschlagen. Suppe nochmals abschmecken. Mit Lachs, Kresse und Schlagsahne anrichten.
Getränk: kühler Prosecco.

ZUBEREITUNGSZEIT ca. 40 Min.
MARINIERZEIT 2–3 Std.
PORTION ca. 260 kcal
18 g E · 11 g F · 18 g KH

Einkaufs-Tipp

Frische Erbsen haben bei uns von Juni bis September Saison. Um 750 g Erbsen ohne Hülsen zu erhalten, müssen Sie ca. 2 kg Schoten kaufen. Diese möglichst frisch verbrauchen, denn sie werden beim Lagern schnell mehlig.

Bandnudeln mit Bohnen-Tomaten-Sugo

ZUTATEN FÜR 4 PERSONEN

- 250 g getrocknete weiße Bohnenkerne
- 1 Stange Porree (Lauch)
- 4 mittelgroße Tomaten
- 1 Zwiebel
- 2 Knoblauchzehen
- 300 g Bandnudeln
- Salz • Pfeffer
- 2 EL Öl (z. B. Olivenöl)
- 1 TL Gemüsebrühe
- ¼–½ TL Sambal Oelek
- 3–4 Stiele Petersilie

1 Bohnen mit Wasser gut bedeckt über Nacht einweichen. Am nächsten Tag im Einweichwasser ca. 1 Stunde garen.

2 Porree putzen, waschen und in dünne Ringe schneiden. Bohnen abtropfen lassen. Tomaten waschen und würfeln. Zwiebel und Knoblauch schälen. Zwiebel fein würfeln, Knoblauch durchpressen.

3 Nudeln in reichlich kochendem Salzwasser ca. 8 Minuten bissfest garen.

4 Zwiebel, Knoblauch und Porree im heißen Öl ca. 5 Minuten dünsten, mit Salz und Pfeffer würzen. Tomaten zufügen und weitere 5 Minuten dünsten. ⅜ l Wasser angießen. Aufkochen und Brühe einrühren. Bohnen zufügen, aufkochen und kurz köcheln. Mit Salz, Pfeffer und Sambal abschmecken.

5 Petersilie waschen und, bis auf etwas, fein schneiden. Nudeln abtropfen lassen und mit dem Sugo anrichten. Mit Petersilie bestreuen und garnieren. Dazu passt geraspelter Parmesan.
Getränk: leichter Rotwein.

ZUBEREITUNGSZEIT ca. 1½ Std.
EINWEICHZEIT ca. 12 Std.
PORTION ca. 470 kcal
18 g E · 9 g F · 76 g KH

Extra-Tipp

Getrocknete Bohnen immer über Nacht einweichen. Sonst müssen sie ca. 1 Stunde länger garen. Salz und Säure stets zum Schluss zufügen – sie verzögern das Weichwerden.

Indisches Linsen-Curry

ZUTATEN FÜR 4 PERSONEN

- ½ Bund/Töpfchen Minze
- 300 g Sahnejoghurt
- Salz • Pfeffer
- ½–1 Chilischote (z. B. grün)
- 150 g getrocknete Aprikosen
- 1 mittelgroße Zwiebel
- 3 Knoblauchzehen
- 400 g rote Linsen
- 2 EL Öl
- 2 TL Curry
- 1–2 TL Gemüsebrühe

1 Minze waschen, abzupfen und fein schneiden. Mit Joghurt verrühren. Mit Salz und Pfeffer abschmecken.

2 Chili längs einritzen, entkernen, waschen und in Ringe schneiden. Aprikosen waschen, abtropfen lassen und in feine Streifen schneiden. Zwiebel und Knoblauch schälen und hacken. Linsen abspülen.

3 Zwiebel, Knoblauch, Chili und Aprikosen im heißen Öl andünsten. Curry kurz mit anschwitzen. Mit knapp 1 l Wasser ablöschen, aufkochen. Brühe und Linsen einrühren. Alles 15–20 Minuten köcheln, öfter umrühren. Linsen-Curry abschmecken. Joghurt extra reichen. Dazu: dünne orientalische Fladenbrote.
Getränk: kühles Bier.

ZUBEREITUNGSZEIT ca. 40 Min.
PORTION ca. 590 kcal
33 g E · 14 g F · 79 g KH

Lauwarmer Linsensalat mit Ingwer

ZUTATEN FÜR 4 PERSONEN

- 125 g Tellerlinsen
- 3 TL Gemüsebrühe
- 500 g Kartoffeln
- 300 g Möhren
- 1 Knoblauchzehe
- 1 walnussgroßes Stück (ca. 30 g) frischer Ingwer
- 7–8 Schalotten oder 4 kleine Zwiebeln
- 1–2 Zweige Rosmarin
- 2 EL Öl • Salz • Pfeffer • Zucker
- 3–4 EL Weißwein-Essig
- 50 g Feld- oder Kopfsalat

1 Linsen abspülen. In ½ l kochendem Wasser mit 2 TL Brühe zugedeckt ca. 45 Minuten garen.

2 Kartoffeln und Möhren schälen, waschen, in Scheiben schneiden. Knoblauch und Ingwer schälen, fein würfeln. Schalotten schälen (Zwiebeln halbieren). Rosmarin waschen, abzupfen, hacken.

3 Öl erhitzen. Schalotten darin ca. 4 Minuten anbraten. Knoblauch, Rosmarin und Ingwer mit andünsten. Kartoffeln und Möhren zufügen, ebenfalls andünsten. Mit ¼ l Wasser ablöschen, aufkochen und 1 TL Brühe einrühren. Zugedeckt 10–15 Minuten garen.

4 Gemüse und Linsen evtl. abtropfen lassen, mischen. Mit Salz, Pfeffer, Zucker und Essig abschmecken. Feldsalat putzen, waschen und abtropfen lassen. Linsensalat auf Feldsalat anrichten. **Getränk:** kühler Weißwein.

ZUBEREITUNGSZEIT ca. 1 Std.
PORTION ca. 260 kcal
11 g E · 7 g F · 38 g KH

Kichererbsen-Suppe mit Spätzle

ZUTATEN FÜR 4 PERSONEN

- 200 g getrocknete Kichererbsen
- 1 Zwiebel
- 400 g Stangensellerie
- 2 Paprikaschoten (z. B. gelb)
- 1 kg frische Dicke Bohnen
- 600 g Erbsenschoten
- 4 EL Öl (z. B. Olivenöl)
- 1–2 EL Tomatenmark
- ½–1 TL Rosen- oder Edelsüß-Paprika
- Salz • Pfeffer
- 100 g Spätzle

1 Kichererbsen über Nacht mit Wasser bedeckt einweichen. Am nächsten Tag im Einweichwasser ca. 1 Stunde garen.

2 Zwiebel schälen und fein würfeln. Sellerie und Paprika putzen, etwas zartes Selleriegrün beiseite legen. Gemüse waschen und klein schneiden. Dicke Bohnen und Erbsen auspalen.

3 Öl erhitzen. Zwiebel und Gemüse darin andünsten. Tomatenmark und Paprikapulver einrühren und kurz mit anschwitzen. Mit 1 l Wasser ablöschen. Dicke Bohnen zufügen. Mit Salz und Pfeffer kräftig würzen. Aufkochen und zugedeckt ca. 20 Minuten köcheln.

4 Inzwischen Spätzle 12–14 Minuten (s. Packungsanweisung) in reichlich kochendem Salzwasser bissfest garen.

5 Kichererbsen abtropfen lassen. Mit den Erbsen zur Suppe geben. Aufkochen und weitere 5 Minuten köcheln. Suppe nochmals abschmecken und mit den Spätzle anrichten. Mit dem Selleriegrün garnieren.

ZUBEREITUNGSZEIT ca. 1½ Std.
EINWEICHZEIT ca. 12 Std.
PORTION ca. 440 kcal
21 g E · 13 g F · 56 g KH

Schneller geht's

… wenn Sie statt der getrockneten Kichererbsen 1 Dose (425 ml) nehmen. Einfach abspülen, abtropfen und zum Schluss mit erhitzen.

… wenn Sie bei Dicken Bohnen und Erbsen auf Tiefkühlware zurückgreifen. Sie brauchen jeweils 250 g.

Kartoffel-Pilz-Spieße mit Kräuterquark

ZUTATEN FÜR 4 PERSONEN

- 800 g festkochende Kartoffeln
- je 3–4 Stiele Petersilie, Dill und Basilikum (ersatzw. 2 TL gemischte TK-Kräuter)
- evtl. 3–4 Zweige Rosmarin
- 1 mittelgroße Zwiebel
- 500 g Magerquark
- 6–8 EL Mineralwasser mit Kohlensäure
- Salz • Pfeffer
- 2 Zucchini (400 g)
- 4 Lauchzwiebeln
- 4 große Tomaten
- 16–20 Champignons
- 2 EL (20 g) Öl
- Metall- oder Holzspieße

1 Kartoffeln gründlich waschen und zugedeckt ca. 20 Minuten kochen.

2 Kräuter waschen und, bis auf Rosmarin, hacken bzw. fein schneiden. Zwiebel schälen und fein würfeln. Quark und Mineralwasser glatt rühren. Gehackte Kräuter und Zwiebel darunterrühren. Mit Salz und Pfeffer abschmecken.

3 Gemüse und Pilze putzen und waschen. Zucchini in dicke Scheiben und Lauchzwiebeln in Stücke schneiden. Tomaten vierteln. Kartoffeln abschrecken, schälen und grob würfeln.

4 Kartoffeln, Gemüse und Pilze abwechselnd auf Spieße stecken. Rosmarin in Stücke schneiden, dazwischenstecken. Öl in einer beschichteten Pfanne erhitzen. Spieße darin portionsweise rundherum ca. 10 Minuten braten. Mit Salz und Pfeffer würzen. Mit Kräuterquark anrichten. **Getränk:** kühle Weinschorle.

ZUBEREITUNGSZEIT ca. 35 Min.
PORTION ca. 290 kcal
23 g E · 6 g F · 34 g KH

Gut zu wissen

Lange galten Kartoffeln als Dickmacher, heute weiß man, dass sie äußerst figurfreundlich sind. Sie enthalten viel Stärke und sättigen gut – und das bei gerade mal 70 Kalorien pro 100 g.

Wenig Kalorien, viel Genuss

Wäre im Leben doch nur alles so leicht wie diese Gerichte.
Da macht Schlankwerden richtig Spaß!

Blumenkohl-Curry mit Linsen

ZUTATEN FÜR 4 PERSONEN

- 150 g Tellerlinsen
- 2 Möhren (ca. 250 g)
- 1 große Stange Porree (Lauch)
- 1 Blumenkohl (ca. 1 kg)
- evtl. ½ kleine Chilischote
- 2 EL Öl
- 2–3 TL Curry
- Salz • Pfeffer
- 1 TL Gemüsebrühe
- 3–4 EL Crème fraîche
- 1–2 EL Essig
- Zucker
- evtl. Koriander oder glatte Petersilie zum Garnieren

1 Linsen abspülen. In ca. ½ l kochendem Wasser ca. 35 Minuten vorgaren.

2 Inzwischen Gemüse putzen bzw. schälen und waschen. Möhren in Scheiben, Porree in Ringe schneiden. Blumenkohl in Röschen teilen. Chili längs einritzen, entkernen, waschen und fein hacken.

3 Gemüse im heißen Öl ca. 3 Minuten kräftig anbraten. Curry darüberstäuben und kurz anschwitzen. Mit Chili, Salz und Pfeffer würzen. Mit ½ l Wasser ablöschen, aufkochen und Brühe einrühren. Linsen abgießen, abtropfen und zufügen. Zugedeckt ca. 10 Minuten dünsten.

4 Crème fraîche einrühren. Mit Essig, Salz, Pfeffer und etwas Zucker abschmecken. Anrichten und garnieren. **Getränk:** kühles Mineralwasser.

ZUBEREITUNGSZEIT ca. 1 Std.
PORTION ca. 300 kcal
15 g E · 13 g F · 28 g KH

Geschmortes Paprika-Kraut

ZUTATEN FÜR 4–6 PERSONEN

- 3 Paprikaschoten (z. B. grün, gelb und rot)
- 750 g Kartoffeln
- 1 kleine Gemüsezwiebel oder 2 Zwiebeln
- 2 Knoblauchzehen
- 2 Stiele frischer oder 1 TL getrockneter Thymian
- 2 EL Öl
- 3 EL Tomatenmark
- 1 Dose (850 ml) mildes Weinsauerkraut
- Salz • Rosenpaprika • Pfeffer
- 3 TL Gemüsebrühe
- 150 g stichfeste saure Sahne
- evtl. Petersilie und Thymian zum Garnieren

1 Paprika putzen, Kartoffeln schälen. Beides waschen und klein schneiden. Zwiebel und Knoblauch schälen. Zwiebel grob würfeln, Knoblauch hacken. Thymian waschen und abzupfen.

2 Öl in einem großen Topf erhitzen. Zwiebel und Knoblauch darin andünsten. Kartoffeln und Paprika zugeben und 10–12 Minuten mitdünsten. Tomatenmark mit anschwitzen. Sauerkraut zufügen, etwas auseinanderzupfen. Mit Salz, Rosenpaprika und Thymian würzen. Mit ca. 1 l Wasser ablöschen und Brühe einrühren. Aufkochen und zugedeckt ca. 20 Minuten schmoren.

3 Paprika-Kraut mit Salz, Pfeffer und evtl. Rosenpaprika nochmals würzig abschmecken und mit Kräutern garnieren. Saure Sahne dazureichen.
Getränk: Apfelsaft-Schorle.

ZUBEREITUNGSZEIT ca. 1 Std.
PORTION ca. 200 kcal
6 g E · 9 g F · 23 g KH

Rund ums Kraut

Sauerkraut ist ein echtes Schlank-Gemüse! Es hat wenig Kalorien (nur 17 kcal/100 g!) und sättigt gut.

Es ist auch eine wichtige Vitamin-C-Quelle. Damit Sie das hitzeempfindliche Vitamin nicht „totkochen", das Kraut möglichst nur kurz garen.

Thymian macht Sauerkraut bekömmlicher. Sie können aber ebenso gut Kümmel, Majoran oder Wacholderbeeren nehmen.

Feuriger Mais-Kartoffel-Topf

ZUTATEN FÜR 4 PERSONEN

- 4 kleine Maiskolben (à ca. 200 g)
- Zucker
- 800 g Kartoffeln
- Salz • evtl. Pfeffer
- 2 Zwiebeln
- 2 Knoblauchzehen
- 8 mittelgroße Tomaten
- evtl. 1 kleines Stück Bio-Orangen- oder Zitronenschale
- 1 EL Öl
- 250 ml Chili-Sauce (Flasche)
- evtl. Koriander oder Petersilie zum Garnieren

1 Maiskolben evtl. putzen, waschen. In ca. 1 l kochendem Wasser mit etwas Zucker zugedeckt ca. 30 Minuten garen.

2 Kartoffeln schälen, waschen und längs vierteln. In Salzwasser ca. 20 Minuten kochen.

3 Zwiebeln und Knoblauch schälen und fein würfeln bzw. durchpressen. Tomaten waschen und in Spalten schneiden. Zitrusschale in feine Streifen schneiden.

4 Öl erhitzen. Zwiebeln und Knoblauch darin andünsten. Tomaten kurz mitdünsten. Chili-Sauce und knapp ½ l Wasser einrühren. Alles aufkochen und offen ca. 2 Minuten köcheln.

5 Mais und Kartoffeln abgießen. Maiskolben in dicke Rädchen schneiden. Beides in die Tomatensoße geben. Mit Salz und Pfeffer abschmecken. Anrichten und garnieren.
Getränk: kühles Mineralwasser.

ZUBEREITUNGSZEIT ca. 40 Min.
Portion ca. 360 kcal
9 g E · 3 g F · 73 g KH

Frische Maiskolben

… werden meist ohne Blätter, abgepackt zu 2–4 Stück angeboten. Damit die Körner nicht hart werden: ohne Salz, nur in gezuckertem Wasser, evtl. mit etwas Milch, garen. Schneller geht's mit vorgegarten Kolben, die vakuumverpackt oder in Dosen angeboten werden.

Nudel-Pilz-Pfanne mit Schalotten

ZUTATEN FÜR 4 PERSONEN

- 200 g Kirschtomaten
- 400 g kleine Champignons
- 8–12 Schalotten oder 4–6 kleine Zwiebeln
- 2 Knoblauchzehen
- 2–3 Zweige frischer oder 1 TL getrockneter Rosmarin
- 200 g Nudeln (z. B. Penne)
- Salz • Pfeffer
- 1 EL Olivenöl
- 1 TL Gemüsebrühe
- evtl. 1 Lorbeerblatt

1 Tomaten waschen und evtl. halbieren. Pilze putzen und waschen. Schalotten schälen und halbieren. Knoblauch schälen und hacken oder durchpressen. Rosmarin waschen und grob hacken.

2 Nudeln in reichlich kochendem Salzwasser ca. 10 Minuten garen.

3 Öl in einer beschichteten Pfanne erhitzen. Schalotten, Knoblauch und Pilze darin anbraten. Tomaten und Rosmarin kurz mitbraten. Mit Salz und Pfeffer würzen. ¼ l Wasser, Brühe und Lorbeer zufügen. Alles aufkochen und zugedeckt ca. 5 Minuten köcheln.

4 Nudeln abgießen und unter das Gemüse heben. Alles gut mischen. Mit Salz und Pfeffer abschmecken.
Getränk: Mineralwasser mit Zitrone.

ZUBEREITUNGSZEIT ca. 25 Min.
PORTION ca. 230 kcal
9 g E · 4 g F · 39 g KH

Herrlich aromatisch

Würzen Sie kalorienarme Gerichte mit reichlich frischen Kräutern, Zwiebeln und Knoblauch. Das sorgt für viel Geschmack und eine Extraportion Vitamine.

Zucchini-Rucola-Spaghetti

ZUTATEN FÜR 4 PERSONEN

- 1 kleine Stange Porree (Lauch)
- 150 g Zuckerschoten
- 1 mittelgroße Zucchini
- 1–2 Knoblauchzehen
- 3–4 EL Öl (z. B. Olivenöl)
- 150 g TK-Erbsen
- Salz • Pfeffer
- 300 g Spaghetti
- ca. 75 g Rucola (Rauke)
- 30 g Hartkäse (z. B. Grana Padano; Stück)

1 Gemüse putzen und waschen. Porree und Zuckerschoten in feine Streifen schneiden. Zucchini halbieren und in schräge Scheiben schneiden. Knoblauch schälen und fein hacken.

2 Öl in einer beschichteten Pfanne erhitzen. Knoblauch, Porree und Zucchini darin ca. 8 Minuten dünsten. Nach ca. 4 Minuten Zuckerschoten und Erbsen zufügen und mitdünsten. Mit Salz und Pfeffer würzen.

3 Spaghetti in einem großen Topf in reichlich kochendem Salzwasser ca. 10 Minuten garen.

4 Rucola waschen, putzen und abtropfen lassen. Evtl. etwas kleiner zupfen. Käse reiben. Spaghetti abtropfen lassen. Mit Käse, Gemüse und Rucola im Nudeltopf gut mischen. Mit Salz und Pfeffer kräftig würzen.
Getränk: kühle Weinschorle.

ZUBEREITUNGSZEIT ca. 30 Min.
PORTION ca. 440 kcal
16 g E · 12 g F · 63 g KH

Italienisches Grillgemüse

FÜR 4 PERSONEN

- 3 große Möhren
- Salz • Pfeffer
- 4 Paprikaschoten (z. B. rot, gelb, grün)
- 2 große Zucchini
- 4–6 große Tomaten
- 1 Aubergine (ca. 400 g)
- 150–200 g Austernpilze
- je einige Stiele Petersilie, Thymian und Rosmarin
- 1–2 Knoblauchzehen
- abgeriebene Schale von ½–1 Bio-Zitrone
- 8–10 EL Olivenöl
- 8 Scheiben (ca. 160 g) Ciabatta

1 Möhren schälen, waschen und in schräge Scheiben schneiden. Zugedeckt in wenig kochendem Salzwasser 6–8 Minuten dünsten. Abtropfen lassen. Restliches Gemüse putzen und waschen. Paprika vierteln. Zucchini, Tomaten und Aubergine in dicke Scheiben schneiden. Auberginenscheiben nebeneinanderlegen und salzen. Pilze putzen und abreiben.

2 Kräuter waschen. Knoblauch schälen. Beides hacken, mit Zitronenschale und Öl verrühren. Würzen.

3 Aubergine abtupfen. Gemüse und Pilze portionsweise unter dem vorgeheizten Grill 5–10 Minuten grillen. Dabei öfter wenden und mit dem Würzöl bestreichen. Ciabatta dazureichen.
Getränk: kühle Apfelsaft-Schorle.

ZUBEREITUNGSZEIT ca. 1 Std.
PORTION ca. 360 kcal
4 g E · 14 g F · 9 g KH

Wirsing im Wok mit Shiitake-Pilzen

ZUTATEN FÜR 4 PERSONEN

- 3 Paprikaschoten (z. B. grün, gelb und rot)
- 100 g Shiitake-Pilze
- ½ Wirsing (ca. 600 g)
- 1 walnussgroßes Stück (ca. 30 g) frischer Ingwer
- 200 g Parboiled-Reis
- Salz
- 3 EL (50 g) Cashewkerne
- 3 EL Öl
- 5 EL süßsaure Asia-Soße
- 2–3 EL Sojasoße
- ca. 1 TL Sambal Oelek
- evtl. 1 kleine Chilischote zum Garnieren

1 Paprika, Pilze und Wirsing putzen und waschen. Paprika und Wirsing in Streifen, Pilze in Scheiben schneiden. Ingwer schälen, fein würfeln oder durch die Knoblauchpresse drücken.

2 Reis in ca. 400 ml kochendes Salzwasser geben. Zugedeckt bei schwacher Hitze ca. 20 Minuten ausquellen lassen.

3 Cashewkerne im heißen Wok oder in einer großen Pfanne ohne Öl rösten. Herausnehmen. 2 EL Öl im Wok erhitzen. Wirsing darin unter Rühren ca. 5 Minuten braten. Herausnehmen. 1 EL Öl im heißen Wok erhitzen. Ingwer, Paprika und Pilze darin bei starker Hitze unter Rühren ca. 5 Minuten braten.

4 ⅛ l Wasser, Asia- und Sojasoße zugießen, aufkochen. Wirsing und Cashewkerne zufügen und erhitzen. Mit Sambal Oelek und evtl. Salz abschmecken. Mit Chili garnieren. Den Reis dazureichen. **Getränk:** kühles Mineralwasser.

ZUBEREITUNGSZEIT ca. 40 Min.
PORTION ca. 390 kcal
13 g E · 14 g F · 49 g KH

Einfach durchpressen!

Frischer Ingwer ist oft faserig. Trick: die Knolle nach dem Schälen grob würfeln und durch eine Knoblauchpresse drücken. Die harten Fasern bleiben so in der Presse hängen und gelangen nicht ins Essen.

Kartoffel-Gulasch mit grünen Bohnen

ZUTATEN FÜR 4 PERSONEN

- 500 g grüne Bohnen
- 2 Zwiebeln
- 800 g Kartoffeln
- 1 Zweig frischer oder
  1 TL getrockneter Rosmarin
- 2 EL (20 g) Öl
- 2 EL Gemüsebrühe
- 400 g stückige Tomaten (Packung)
- Salz • Pfeffer
- Edelsüß-Paprika

1 Bohnen putzen, waschen und halbieren. Zwiebeln schälen und in feine Spalten schneiden. Kartoffeln schälen, waschen und grob würfeln. Rosmarin waschen, abzupfen und grob hacken.

2 Öl in einem Topf erhitzen. Zwiebeln und Kartoffeln darin kräftig anbraten. Ca. 1 l Wasser und Brühe einrühren, aufkochen. Bohnen und Rosmarin zufügen, zugedeckt ca. 15 Minuten garen.

3 Tomaten einrühren und zugedeckt ca. 5 Minuten weiterköcheln. Mit Salz, Pfeffer und Paprikapulver abschmecken. **Getränk:** kühle Saftschorle.

ZUBEREITUNGSZEIT ca. 35 Min.
PORTION ca. 250 kcal
9 g E · 5 g F · 41 g KH

Extra-Tipps

So schmeckt das herzhafte Gulasch noch aromatischer: je 2 EL Tomatenmark und Edelsüß-Paprika zusammen mit Zwiebeln und Kartoffeln anschwitzen.

Statt grüner Bohnen eignen sich auch Schneidebohnen prima. Einfach in breite Stücke schneiden und ebenso mitgaren.

Apfel-Chicorée-Salat mit Sprossen

ZUTATEN FÜR 4 PERSONEN

- 3 EL Essig (z. B. Apfelessig)
- Salz • Pfeffer
- Zucker
- 4–5 EL Öl
- 1 kleine Zwiebel
- 100 g Appenzeller oder Gouda (Stück)
- 100 g Radieschensprossen
- 2 Möhren (ca. 200 g)
- 3 Chicorée (à ca. 150 g)
- einige Salatblätter
- 2 mittelgroße Äpfel
- 1–2 EL Zitronensaft
- evtl. Petersilie zum Garnieren

1 Essig mit Salz, Pfeffer und etwas Zucker verrühren. Öl darunterschlagen. Zwiebel schälen, fein würfeln und unterrühren.

2 Käse in Stifte schneiden. Sprossen abspülen und abtropfen lassen. Möhren schälen, waschen, längs halbieren und in Scheiben schneiden. Chicorée putzen und waschen. Einige äußere Blätter beiseite legen, Rest klein schneiden. Salat putzen, waschen und in Stücke zupfen. Äpfel waschen, vierteln und entkernen. Apfel in dünne Scheiben schneiden und sofort mit Zitronensaft beträufeln.

3 4 Teller mit Chicoréeblättern auslegen. Vorbereitete Salatzutaten und Marinade mischen, darauf anrichten. Mit Petersilie garnieren.
Getränk: kühles Mineralwasser.

ZUBEREITUNGSZEIT ca. 30 Min.
PORTION ca. 260 kcal
9 g E · 19 g F · 11 g KH

Leicht & gesund

Chicorée ist ideal für die schlanke Küche! 100 g haben nur 16 Kalorien. Er ist ein wandlungsfähiges Multitalent und schmeckt nicht nur roh im Salat, auch gegart lässt er sich gut variieren. Seine Bitterstoffe regen Galle, Leber und Magen an. Wichtig: Lagern Sie ihn kühl und vor allem dunkel. Bei Licht wird er relativ schnell grün.

Kohlrabi-Möhren-Gemüse mit Sesam

ZUTATEN FÜR 4 PERSONEN

- 800 g kleine Kartoffeln (z. B. neue)
- 800 g Kohlrabi
- 500 g Möhren
- 2 EL (40 g) Butter/Margarine
- 1 TL Gemüsebrühe
- 2 EL (20 g) Sesam
- Salz • Pfeffer
- 1–2 TL Senf (z. B. milder)

1 Kartoffeln gründlich waschen. In wenig Wasser ca. 20 Minuten kochen.

2 Kohlrabi putzen, dabei einige zarte Blättchen aufheben. Kohlrabi schälen und waschen. Möhren schälen und waschen. Gemüse klein schneiden. Im heißen Fett andünsten. Mit 200 ml Wasser ablöschen. Aufkochen, Brühe einrühren und zugedeckt ca. 10 Minuten dünsten.

3 Sesam ohne Fett rösten. Gemüse mit Salz, Pfeffer und Senf abschmecken. Gemüse mit Kartoffeln und Sesam anrichten. Kohlrabiblättchen waschen, fein schneiden und darüberstreuen.
Getränk: Mineralwasser mit Zitrone.

ZUBEREITUNGSZEIT ca. 25 Min.
PORTION ca. 340 kcal
10 g E · 14 g F · 42 g KH

Pizza Margherita

ZUTATEN FÜR 2 PIZZAS

- ⅓ Würfel (ca. 14 g) frische Hefe
- 200 g + etwas Mehl
- Salz • Zucker
- 4–5 EL Olivenöl
- 1 Dose (425 ml) Pizza-Tomaten
- Pfeffer • Edelsüß-Paprika
- 1 EL getrocknete italienische Kräuter
- 2 mittelgroße Tomaten
- 2 Mozzarella (à 125 g)
- 50 g Parmesan (Stück)
- ½ Bund/Töpfchen Basilikum
- Backpapier

1 Hefe zerbröckeln und in 100 ml lauwarmem Wasser auflösen. Mit 200 g Mehl, ½ TL Salz, 1 Prise Zucker und 2 EL Öl zum glatten Teig verkneten. Zugedeckt an einem warmen Ort ca. 40 Minuten gehen lassen.

2 Pizza-Tomaten mit Salz, Pfeffer, Paprika und getrockneten Kräutern würzen. Frische Tomaten waschen. Mozzarella und Tomaten in Scheiben schneiden. Parmesan fein reiben.

3 Teig halbieren, zu 2 Kugeln formen und weitere 20 Minuten gehen lassen.

4 Teigkugeln jeweils auf wenig Mehl kräftig durchkneten, rund (ca. 22 cm Ø) ausrollen. Versetzt auf ein mit Backpapier ausgelegtes Backblech legen. Tomatensoße daraufstreichen, dabei einen ca. 1 cm breiten Rand frei lassen. Mit Tomaten- und Mozzarellascheiben belegen. Mit Parmesan bestreuen. 2–3 EL Öl darüberträufeln.

5 Pizzas im vorgeheizten Backofen (E-Herd: 200 °C/Umluft: 175 °C/Gas: Stufe 3) 25–30 Minuten backen. Basilikum waschen, abzupfen und darüberstreuen. **Getränk:** kühler Weißwein.

ZUBEREITUNGSZEIT ca. 30 Min.
GEHZEIT ca. 1 Std.
BACKZEIT 25–30 Min.
PIZZA ca. 960 kcal
47 g E · 48 g F · 79 g KH

Die kriegt jeder gebacken

Sie sind leicht gemacht und kommen herrlich duftend aus dem Ofen: knusprige Pizzas, köstlicher Strudel, tolle Tartes …

Gemüsestrudel mit Crème fraîche

ZUTATEN FÜR 12–16 STÜCKE

- 250 g + etwas Mehl
- 3 EL Öl • Salz • Pfeffer
- 1 Ei + 2 Eigelb (Gr. M)
- 2 Zwiebeln • 1 Knoblauchzehe
- je 200 g Möhren, Porree, Blumenkohl, Broccoli und Blattspinat
- 6 EL (ca. 60 g) Butterschmalz
- 150–200 g saure Sahne
- ½ Bund Petersilie
- 200 g Emmentaler (Stück)
- 2 gehäufte EL Paniermehl
- 300 g Crème fraîche
- Frischhaltefolie • Backpapier

1 250 g Mehl, Öl, ½ TL Salz, 1 Ei und 100 ml kaltes Wasser zur glatten Kugel kneten. In Folie ca. 1 Stunde kalt stellen.

2 Zwiebeln, Knoblauch und Möhren schälen, übriges Gemüse putzen. Gesamtes Gemüse waschen. Spinat hacken. Rest Gemüse, Zwiebeln und Knoblauch klein schneiden.

3 Zwiebeln und Knoblauch in 2 EL heißem Butterschmalz andünsten. Gemüse ca. 5 Minuten mitdünsten. Würzen. Alles mit Sahne und 2 Eigelb mischen. Etwas abkühlen. Petersilie waschen und hacken. Käse reiben. Petersilie, bis auf 1 EL, und ¾ Käse zum Gemüse geben.

4 Teig auf einem bemehlten Küchentuch über die Handrücken sehr dünn zum Rechteck (40 x 60 cm) ausziehen, bis die Struktur des Tuches durchscheint.

5 4 EL Butterschmalz zerlassen. Auf den Teig streichen. Paniermehl und Gemüse darauf verteilen, dabei ca. 3 cm Rand frei lassen. Ränder einschlagen. Teig mithilfe des Küchentuches von der schmalen Seite her aufrollen. Strudel mit der Nahtstelle nach unten auf ein mit Backpapier ausgelegtes Backblech legen. Im heißen Ofen (E-Herd: 200 °C/Umluft: 175 °C/Gas: Stufe 3) ca. 30 Minuten backen. Nach ca. 20 Minuten Rest Käse darüberstreuen.

6 Crème fraîche, Rest Petersilie, Salz und Pfeffer glatt rühren. Strudel warm oder kalt mit Crème fraîche servieren. **Getränk:** kühler Roséwein.

ZUBEREITUNGSZEIT ca. 1½ Std.
KÜHLZEIT ca. 1 Std.
BACKZEIT ca. 30 Min.
STÜCK ca. 250 kcal
8 g E · 17 g F · 15 g

Pikante Kürbis-Pie

ZUTATEN FÜR CA. 8 STÜCKE

- 200 g + etwas Mehl
- 3 Eier (Gr. M)
- 150 g kaltes Schweineschmalz
- Salz
- 1,2 kg Kürbis (z. B. Hokkaido)
- Fett für die Form
- 150 g Crème fraîche
- 100 g Schlagsahne
- je ¼ TL gemahlener Ingwer und Zimt
- geriebene Muskatnuss
- 75 g brauner Zucker

1 200 g Mehl, 1 Ei, Schmalz in Stückchen, ca. ½ TL Salz und 2–3 EL eiskaltes Wasser rasch zum glatten Teig verkneten. Zugedeckt ca. 1 Stunde kalt stellen.

2 Kürbis vierteln, entkernen und in Würfel schneiden (Hokkaido wird nicht geschält). Ca. 1 kg Fruchtfleisch in wenig kochendem Salzwasser zugedeckt ca. 20 Minuten garen. Gut abtropfen lassen.

3 Vom Teig 1–2 EL für die Deko beiseite legen. Rest Teig auf wenig Mehl rund (ca. 26 cm Ø) ausrollen. In eine gefettete Pie- oder Springform (24 cm Ø) legen, dabei am Rand 2–3 cm hochdrücken. Aus übrigem Teig Blätter und Blüten formen.

4 Kürbis auf dem Teig verteilen. Crème fraîche, Sahne, 2 Eier, Gewürze und Zucker verrühren und über den Kürbis gießen. Teigfiguren darauflegen. Im vorgeheizten Backofen (E-Herd: 200 °C/Umluft: 175 °C/Gas: Stufe 3) ca. 1 Stunde goldbraun backen.
Getränk: kühles Bier.

ZUBEREITUNGSZEIT ca. 1 Std.
KÜHLZEIT ca. 1 Std.
BACKZEIT ca. 1 Std.
STÜCK ca. 460 kcal
8 g E · 31 g F · 35 g KH

Französische Zwiebel-Tarte

ZUTATEN FÜR CA. 12 STÜCKE

- ¼ Würfel (10 g) frische Hefe
- 250 g + etwas Mehl
- Salz • Zucker • Pfeffer
- 750 g große Zwiebeln
- 10 EL (100 ml) Olivenöl
- Fett für die Form
- 2 Knoblauchzehen
- 1 Glas (100 ml) Sardellenfilets
- 1–2 EL schwarze Oliven (ohne Stein)
- 1 Eigelb
- 1 EL Schlagsahne oder Milch

1 Hefe zerbröckeln und in ⅛ l lauwarmem Wasser auflösen. Mit 250 g Mehl, ca. ½ TL Salz und 1 Prise Zucker zum glatten Teig verkneten. Zugedeckt am warmen Ort ca. 40 Minuten gehen lassen.

2 Zwiebeln schälen und klein würfeln. In 9 EL Öl bei schwacher Hitze unter gelegentlichem Wenden ca. 1 Stunde schmoren, ohne dass sie braun werden. Würzen und etwas abkühlen lassen.

3 Den Teig kräftig durchkneten und auf wenig Mehl rund (ca. 32 cm Ø) ausrollen. Tarteform mit heraushebbarem Boden (ca. 26 cm Ø) oder Springform fetten. Teig hineinlegen und am Rand ca. 3 cm hochdrücken. Weitere 20 Minuten gehen lassen.

4 Zwiebeln darauf verteilen. Knoblauch schälen, hacken und auf den Zwiebeln verteilen. Sardellen abspülen und längs halbieren. Als Gitter auf die Zwiebeln legen. Je 1 Olive in die Rautenmitte legen. Mit 1 EL Öl beträufeln.

5 Eigelb und Sahne verquirlen, Teigrand damit bestreichen. Die Tarte im vorgeheizten Backofen (E-Herd: 175 °C/Umluft: 150 °C/Gas: Stufe 2) 35–40 Minuten goldbraun backen.
Getränk: kühler Roséwein.

ZUBEREITUNGSZEIT ca. 1½ Std.
GEHZEIT ca. 1 Std.
BACKZEIT 35–40 Min.
STÜCK ca. 190 kcal
6 g E · 10 g F · 18 g KH

Würziger Pfannkuchen vom Blech

ZUTATEN FÜR CA. 9 STÜCKE

- 100 g Mehl
- 1/8 l Milch
- 3 Eier (Gr. M)
- Salz • Pfeffer • Edelsüß-Paprika
- 1 mittelgroße Zucchini
- 2 Paprikaschoten (z. B. rot und gelb)
- 6 Tomaten
- Öl fürs Blech
- 1 Zwiebel
- 1 Knoblauchzehe
- 250 g stückige Tomaten (Packung)
- 2 TL getrockneter Oregano
- 3 Mozzarella (à 125 g)
- 75 g schwarze Oliven
- evtl. frischer Oregano zum Garnieren

1 Mehl, Milch und Eier verrühren. Mit Salz und Pfeffer würzen. Den Teig ca. 5 Minuten quellen lassen.

2 Zucchini putzen, waschen und dünn hobeln. Paprika und Tomaten putzen, waschen. Paprika in dünne Ringe, Tomaten in Scheiben schneiden.

3 Backblech mit Öl bestreichen, den Teig daraufstreichen. Im vorgeheizten Backofen (E-Herd: 200 °C/Umluft: 175 °C/Gas: Stufe 3) ca. 10 Minuten vorbacken.

4 Zwiebel und Knoblauch schälen und fein würfeln. Mit stückigen Tomaten mischen. Mit Salz, Pfeffer, Edelsüß-Paprika und Oregano würzen. Mozzarella in Scheiben schneiden.

5 Blech aus dem Ofen nehmen, Pfannkuchen mit der Tomatensoße bestreichen. Mit Gemüse, Oliven und Käse belegen. Weitere 10 Minuten backen. Mit Oregano garnieren.
Getränk: kühle Weinschorle.

ZUBEREITUNGSZEIT ca. 30 Min.
BACKZEIT ca. 20 Min.
STÜCK ca. 230 kcal
15 g E · 12 g F · 13 g KH

Glatte Oberfläche

Der Pfannkuchenteig wirft beim Vorbacken evtl. große Blasen. Das ist nicht schlimm, man kann sie einfach mit einer Gabel einstechen, damit die Luft entweicht.

Mini-Quiches mit Möhren & Spinat

ZUTATEN FÜR 6 STÜCK

- 200 g + etwas Mehl
- Salz • Pfeffer • Muskat
- 125 g kalte + 1 EL + etwas Butter
- 400 g Möhren
- 200 g Blattspinat
- 2 Tomaten
- 3 Stiele Basilikum
- 2 Eier (Gr. M)
- 50 g Schlagsahne
- 3 EL Pinienkerne
- 3 EL geriebener Parmesan

1 200 g Mehl, ¼ TL Salz, 125 g Butter in Stückchen und 2 EL eiskaltes Wasser rasch zu einem glatten Teig verkneten. Zugedeckt ca. 30 Minuten kalt stellen.

2 Möhren schälen, waschen und in Scheiben schneiden. Spinat gut waschen, abtropfen lassen und grob hacken. Tomaten waschen, vierteln und entkernen. Fruchtfleisch fein würfeln. Basilikum waschen, bis auf etwas abzupfen.

3 Möhren in 1 EL Butter mit Salz und ca. 100 ml Wasser zugedeckt ca. 8 Minuten dünsten. Spinat und Tomaten kurz mitdünsten, etwas abkühlen lassen.

4 Quicheförmchen (ca. 12 cm Ø) mit heraushebbarem Boden oder eine große Quicheform fetten. Teig auf wenig Mehl ca. 3 mm dick ausrollen. Förmchen damit auslegen. Böden mit einer Gabel mehrmals einstechen.

5 Eier und Sahne verquirlen und in das Gemüse rühren. Mit Pfeffer und Muskat würzen. Basilikum und Pinienkerne unterheben. In die Förmchen verteilen, mit Käse bestreuen. Im vorgeheizten Backofen (E-Herd: 200 °C/Umluft: 175 °C/ Gas: Stufe 3) 20–25 Minuten backen. Mit übrigem Basilikum garnieren.
Getränk: kühle Weinschorle.

ZUBEREITUNGSZEIT ca. 45 Min.
KÜHLZEIT ca. 30 Min.
BACKZEIT 20–25 Min.
PORTION ca. 440 kcal
12 g E · 30 g F · 28 g KH

So geht's auch

Wenn Ihnen Pinienkerne zu teuer sind, können Sie ebenso gut Mandelstifte oder Sonnenblumenkerne verwenden.

Calzone mit Thunfisch

ZUTATEN FÜR 4 PERSONEN

- 2 Eier
- ½ Würfel (ca. 20 g) frische Hefe
- 400 g + etwas Mehl
- Salz • Zucker • Pfeffer
- 5 EL Olivenöl
- 1 Dose (185 g) Thunfisch im eigenen Saft
- 1 Glas (30 g) Kapern
- 2 mittelgroße Zwiebeln
- 2–3 Tomaten
- 1 Mozzarella (125 g)
- 3 EL Tomatenmark

1 Eier hart kochen. Anschließend abschrecken und auskühlen lassen.

2 Hefe zerbröckeln, in 200 ml lauwarmem Wasser auflösen. Mit 400 g Mehl, 1 TL Salz, 1 Prise Zucker und Öl zum glatten Teig verkneten. Zugedeckt am warmen Ort ca. 40 Minuten gehen lassen.

3 Thunfisch und Kapern abtropfen lassen. Zwiebeln schälen und in Ringe schneiden. Tomaten waschen. Eier schälen. Tomaten, Mozzarella und Eier in Scheiben schneiden.

4 Teig nochmals durchkneten und auf etwas Mehl rund (ca. 35 cm Ø) ausrollen. Eine Teighälfte mit Tomatenmark bestreichen, dabei 1–2 cm Rand frei lassen. Tomatenmark mit den vorbereiteten Zutaten belegen. Alles mit Salz und Pfeffer würzen.

5 Teigränder mit Wasser bestreichen. Freie Teighälfte überklappen, Ränder gut andrücken. Calzone auf ein mit Mehl bestäubtes Backblech legen, nochmals ca. 20 Minuten gehen lassen.

6 2–3 EL Wasser mit ½ TL Salz verrühren. Calzone damit bestreichen. Im vorgeheizten Backofen (E-Herd: 200 °C/Umluft: 175 °C/Gas: Stufe 3) ca. 35 Minuten goldbraun backen.

Getränk: trockener Rotwein.

ZUBEREITUNGSZEIT ca. 45 Min.
GEHZEIT ca. 1 Std.
BACKZEIT ca. 35 Min.
PORTION ca. 760 kcal
29 g E · 36 g F · 75 g KH

Gemüsekuchen mit Schmandguss

ZUTATEN FÜR CA. 20 STÜCKE

- 500 g Mehl
- 250 g kalte Butter/Margarine
- 6 Eier (Gr. M)
- Salz • Pfeffer • Muskat
- 500 g Broccoli
- 1 Dose (425 ml) Maiskörner
- 1 Bund Lauchzwiebeln oder 1 Stange Porree (Lauch)
- 4 mittelgroße Tomaten
- 50 g Gouda (Stück)
- 250 g Schmand oder saure Sahne
- ¼ l Milch
- Fett fürs Blech

1 Mehl, Fett in Stückchen, 2 Eier, ⅛ l Wasser und ca. ½ TL Salz zum glatten Teig verkneten. Zugedeckt ca. 1 Stunde kalt stellen.

2 Broccoli putzen, waschen und in Röschen teilen. In wenig kochendem Salzwasser zugedeckt ca. 5 Minuten dünsten. Mais abtropfen lassen. Lauchzwiebeln putzen und waschen. Tomaten waschen. Tomaten in Scheiben, Lauchzwiebeln in Stücke (Porree in Ringe) schneiden.

3 Käse reiben. Schmand, Milch und 4 Eier verquirlen. Mit Salz, Pfeffer und Muskat würzen. Teig auf einem gefetteten Backblech (ca. 35 x 40 cm) ausrollen. An den Rändern etwas hochziehen. Gemüse darauf verteilen. Schmandguss darübergießen. Mit Käse bestreuen.

4 Gemüsekuchen im vorgeheizten Backofen (E-Herd: 200 °C/Umluft: 175 °C/Gas: Stufe 3) 35–40 Minuten backen.
Getränk: kühle Saftschorle.

ZUBEREITUNGSZEIT ca. 1 Std.
KÜHLZEIT ca. 1 Std.
BACKZEIT 35–40 Min.
STÜCK ca. 280 kcal
8 g E · 16 g F · 23 g KH

Champignon-Zucchini-Quiche mit Gouda

ZUTATEN FÜR CA. 12 STÜCKE

- 250 g Champignons
- 600 g Zucchini
- 8 EL Öl
- Salz • Pfeffer
- 300 g + etwas Mehl
- 1 Päckchen Backpulver
- 150 g Magerquark
- 6 EL Milch
- Fett für die Form
- 200 g Schlagsahne
- 3 Eier (Gr. M)
- 250 g Kirschtomaten
- 100 g mittelalter Gouda (Stück)

1 Pilze putzen, waschen und halbieren oder vierteln. Zucchini waschen, putzen und in Scheiben schneiden. Pilze in 2 EL heißem Öl 2–3 Minuten braten. Würzen, herausnehmen. Zucchini im heißen Bratfett ca. 5 Minuten dünsten, würzen. Etwas abkühlen lassen.

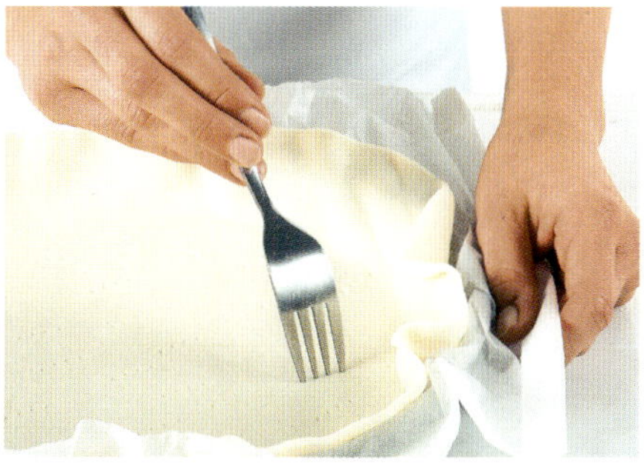

2 300 g Mehl, Backpulver, Quark, 6 EL Öl, Milch und ½–1 TL Salz glatt verkneten. Quicheform mit herausnehmbarem Boden oder Springform (ca. 28 cm Ø) fetten. Teig auf etwas Mehl rund (ca. 32 cm Ø) ausrollen. In die Form legen, am Rand andrücken, Boden mit einer Gabel mehrmals einstechen.

3 Sahne und Eier verquirlen, würzen. Tomaten waschen und halbieren. Mit Pilzen, Zucchini und Eiersahne auf dem Boden verteilen.

4 Quiche im vorgeheizten Backofen (E-Herd: 200 °C/Umluft: 175 °C/Gas: Stufe 3) ca. 25 Minuten backen. Käse fein reiben und darüberstreuen. Weitere 20–25 Minuten goldbraun backen.
Getränk: kühle Saftschorle.

ZUBEREITUNGSZEIT ca. 40 Min.
BACKZEIT 40–45 Min.
STÜCK ca. 290 kcal
11 g E · 17 g F · 21 g KH

Broccoli-Pizza mit Pilzen

ZUTATEN FÜR 3–4 PERSONEN

- 250 g + etwas dunkles Weizenmehl (Type 1050)
- Salz • Pfeffer
- ½ Päckchen Trockenhefe
- 4–5 EL Öl (z. B. Olivenöl)
- 300 g Broccoli
- 200 g Champignons
- 150 g Crème fraîche
- ½ TL getrockneter Oregano
- 1 Packung (200 g) Pizzakäse oder geriebener Emmentaler
- Backpapier

1 250 g Mehl, ½ TL Salz und Hefe mischen. ⅛ l lauwarmes Wasser und 2 EL Öl zufügen. Zu einem glatten Teig verkneten. Zugedeckt an einem warmen Ort ca. 45 Minuten gehen lassen.

2 Broccoli putzen, waschen und in Röschen teilen. In kochendem Salzwasser ca. 5 Minuten garen. Abtropfen lassen. Pilze putzen, waschen und in dicke Scheiben schneiden. In 1 EL heißem Öl goldbraun braten, würzen.

3 Teig halbieren und jeweils auf leicht bemehlter Arbeitsfläche rund (ca. 24 cm Ø) ausrollen. Auf ein mit Backpapier ausgelegtes Backblech legen. Weitere 15 Minuten gehen lassen.

4 Crème fraîche auf den Teig streichen und mit Oregano, Salz und Pfeffer kräftig würzen. Broccoli und Pilze darauf verteilen. Mit Käse bestreuen. 1–2 EL Öl darüberträufeln. Im vorgeheizten Backofen (E-Herd: 200 °C/Umluft: 175 °C/Gas: Stufe 3) ca. 30 Minuten backen. **Getränk:** kühles Bier.

ZUBEREITUNGSZEIT ca. 30 Min.
GEHZEIT ca. 1 Std.
BACKZEIT ca. 30 Min.
PORTION ca. 640 kcal
25 g E · 38 g F · 46 g KH

Extra-Tipps

Wer's lieber klassisch mag, nimmt statt Crème fraîche passierte Tomaten oder Tomatenmark.

Damit zwei Pizzas gleichzeitig in den Ofen passen, leicht versetzt auf dem Backblech anordnen. Wer einen Umluftofen hat, kann sie auch auf zwei Blechen gleichzeitig backen.

Kartoffel-Wirsing-Kuchen

ZUTATEN FÜR 6–8 STÜCKE

- 200 g + etwas Mehl
- 100 g kalte Butter/Margarine
- 5 Eier (Gr. M)
- Salz • Pfeffer • Muskat
- 750 g Kartoffeln (z. B. festkochende)
- 300 g Möhren
- ½ Wirsing (500 g)
- 1 große Zwiebel
- 1–2 EL Öl
- 200 ml Milch
- 250 g Schmand oder Crème fraîche
- 2–3 Stiele Petersilie

1 200 g Mehl, Fett in Stückchen, 1 Ei, ½ TL Salz und 3 EL eiskaltes Wasser rasch zum glatten Teig verkneten. Zugedeckt ca. 30 Minuten kalt stellen.

2 Kartoffeln waschen, ca. 15 Minuten vorkochen. Möhren schälen, waschen und klein schneiden. Wirsing putzen, waschen und in Streifen schneiden. Zwiebel schälen und würfeln.

3 Öl erhitzen. Gemüse darin ca. 5 Minuten andünsten. Kartoffeln abschrecken, schälen und in Scheiben schneiden. Milch, 4 Eier und 200 g Schmand verquirlen, würzen.

4 Teig auf etwas Mehl rund (ca. 40 cm Ø) ausrollen und eine Tarteform (30 cm Ø) oder Springform (28 cm Ø) damit auslegen. Mit der Gabel öfter einstechen. Kartoffeln und Gemüse einschichten. Schmandguss darübergießen.

5 Im vorgeheizten Backofen (E-Herd: 200 °C/Umluft: 175 °C/Gas: Stufe 3) 45–50 Minuten backen. Petersilie waschen, hacken. Gemüsekuchen mit Rest Schmand und Petersilie garnieren.

Getränk: kühle Weißwein-Schorle.

ZUBEREITUNGSZEIT ca. 45 Min.
KÜHLZEIT ca. 30 Min.
BACKZEIT 45–50 Min.
STÜCK ca. 540 kcal
15 g E · 32 g F · 43 g KH

Gefüllte Gnocchi in Spinatsahne

ZUTATEN FÜR 4 PERSONEN

- 750 g mehlig kochende Kartoffeln
- Salz • Pfeffer • Muskat
- 4 EL Pinienkerne
- 2 Scheiben Toastbrot
- 2–3 EL Butter/Margarine
- 1 Zwiebel • 1 Knoblauchzehe
- ½ TL Gemüsebrühe
- 450 TK-junger-Spinat (gehackt)
- 60 g Grieß
- ca. 4 leicht gehäufte EL Speisestärke
- 2 Eigelb (Gr. M)
- 200 g Schlagsahne
- 1–2 EL heller Soßenbinder
- 1 mittelgroße Tomate
- evtl. Petersilie zum Garnieren

1 Kartoffeln schälen und waschen. In Salzwasser ca. 20 Minuten kochen.

2 Kerne in einer Pfanne ohne Fett rösten, herausnehmen. Toast fein würfeln. In 1–2 EL heißem Fett goldbraun rösten. Auskühlen lassen.

3 Zwiebel und Knoblauch schälen, fein würfeln. In 1 EL heißem Fett andünsten. Mit ⅛ l Wasser ablöschen, aufkochen. Brühe darin auflösen. Spinat unaufgetaut zufügen. Zugedeckt bei mittlerer Hitze ca. 12 Minuten auftauen.

4 Kartoffeln abgießen, durch eine Kartoffelpresse drücken. Grieß unterrühren. Mit Salz, Pfeffer und Muskat würzen. Stärke und Eigelb unterrühren.

5 Kartoffelteig auf wenig Stärke zu 4 Rollen formen. In ca. 40 gleich große Stücke schneiden. Stücke zu ovalen Knödeln (Gnocchi) formen, dabei mit Croûtons und Kernen füllen. Reichlich Salzwasser in einem großen Topf aufkochen. Gnocchi darin portionsweise 6–7 Minuten gar ziehen lassen, bis sie oben schwimmen. Herausheben und warm stellen.

6 Sahne in den Spinat rühren. Kurz köcheln, abschmecken und binden. Tomate waschen, entkernen und fein würfeln. Alles anrichten. Mit Tomate, evtl. übrigen Kernen und Croûtons bestreuen, garnieren. Dazu: geriebener Parmesan. **Getränk:** leichter Rotwein.

ZUBEREITUNGSZEIT ca. 1½ Std.
PORTION ca. 570 kcal
17 g E · 30 g F · 54 g KH

Hauptsache viel Soße!

Was macht simple Nudeln oder Knödel zur Delikatesse?
Die Soße! Und genau deshalb läuft hier ohne gar nichts!

Serviettenknödel mit Pfifferlings-Rahm

ZUTATEN FÜR 4 PERSONEN

- ¾ l Milch
- 5 Brötchen (vom Vortag; 250 g)
- 5 Eier + 3 Eigelb (Gr. M)
- Salz • Pfeffer • Muskat
- 400–500 g Pfifferlinge
- 1 mittelgroße Zwiebel
- 1 EL Öl
- 1 gehäufter EL Mehl
- 100–150 g Schlagsahne
- ½ TL Gemüsebrühe
- 2 EL Butter/Margarine
- ½ Bund Petersilie
- Frischhaltefolie • Alufolie

1 Milch erwärmen. Brötchen würfeln, Milch darübergießen. Eier und Eigelb verquirlen, mit Salz, Pfeffer und Muskat würzen. Über die Brötchen gießen, gut mischen. Ca. 15 Minuten ziehen lassen.

2 Je 2 Streifen Frischhalte- und Alufolie von ca. 40 cm Länge schneiden. Je 1 Streifen Frischhalte- auf 1 Streifen Alufolie legen. Je die Hälfte Knödelmasse längs auf 1 Streifen verteilen. Zur Rolle formen. Knödelmasse erst in Frischhalte-, dann in Alufolie wickeln, an den Enden fest zusammendrehen. Im großen Topf oder Bräter in leicht siedendem Wasser ca. 30 Minuten ziehen lassen.

3 Pilze putzen, säubern oder kurz waschen und trocken tupfen. Je nach Größe halbieren. Zwiebel schälen und hacken. Im heißen Öl andünsten. Pilze unter Wenden ca. 5 Minuten mitbraten. Mit Salz und Pfeffer würzen. Mit Mehl bestäuben, anschwitzen. ¼ l Wasser, Sahne und Brühe einrühren. Aufkochen und ca. 5 Minuten köcheln. Mit Salz und Pfeffer abschmecken.

4 Knödel herausheben, Folien entfernen. Knödel in breite Scheiben schneiden. Fett erhitzen. Knödel darin evtl. portionsweise von beiden Seiten goldbraun braten. Alles anrichten. Petersilie waschen, hacken und darüberstreuen. **Getränk:** kühles Bier.

ZUBEREITUNGSZEIT ca. 1½ Std.
WARTEZEIT ca. 15 Min.
PORTION ca. 530 kcal
17 g E · 29 g F · 47 g KH

Pfifferlinge säubern

Pilze sind meist nicht wirklich verschmutzt. Anhaftende Nadeln oder Blättchen nur mit einem trockenen Pinsel abbürsten. Sind sie doch mal stärker verschmutzt, kurz mit kaltem

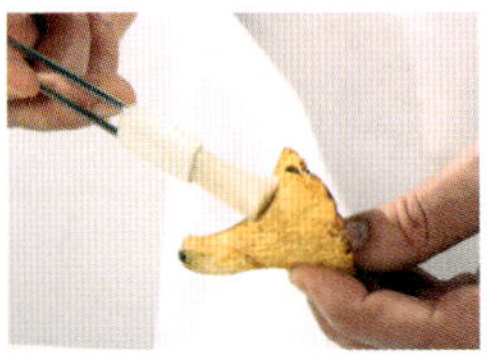

Wasser abbrausen und sofort mit Küchenpapier trocken tupfen.

Tofu in pikanter Apfel-Curry-Soße

ZUTATEN FÜR 4 PERSONEN

- 200 g Reis (z. B. Basmati)
- Salz • Pfeffer
- 500 g Tofu (Sojaquark)
- 2 Stangen (ca. 600 g) Porree (Lauch)
- 2 mittelgroße Zwiebeln
- evtl. 1 kleine rote Chilischote
- 2 EL Öl
- 1–2 EL Curry
- 1 EL Gemüsebrühe
- 2 mittelgroße säuerliche Äpfel
- 1 EL (10 g) Speisestärke
- 300 g Vollmilch-Joghurt
- 4 EL Mango-Chutney
- 1–2 EL Zitronensaft

1 Reis in gut 400 ml kochendes Salzwasser geben. Zugedeckt bei schwacher Hitze ca. 20 Minuten ausquellen lassen.

2 Tofu evtl. abtropfen lassen und würfeln. Porree putzen, waschen und in Ringe schneiden. Zwiebeln schälen und in Spalten schneiden. Chili längs einritzen, entkernen, waschen und hacken.

3 Öl in einer Pfanne erhitzen. Tofu darin rundherum anbraten, herausnehmen. Zwiebeln, Porree und Chili im heißen Bratfett andünsten. Curry darüberstäuben und kurz anschwitzen. 400 ml Wasser und Brühe einrühren. Tofu zufügen und alles aufkochen. Zugedeckt ca. 10 Minuten köcheln.

4 Inzwischen Äpfel vierteln, entkernen, schälen und in Spalten schneiden. Ca. 5 Minuten mitgaren.

5 Stärke, Joghurt und Chutney glatt verrühren. Ins Curry rühren und nochmals kurz aufkochen. Mit Salz, Pfeffer und Zitronensaft abschmecken. Mit dem Reis anrichten.

Getränk: kühles Mineralwasser.

ZUBEREITUNGSZEIT ca. 40 Min.
PORTION ca. 490 kcal
23 g E · 17 g F · 59 g KH

Spargel mit Tomaten-Basilikum-Soße

ZUTATEN FÜR 4 PERSONEN

- 2 kg weißer Spargel
- Salz • Zucker • Pfeffer
- 800 g reife Fleischtomaten
- 2 Zwiebeln
- 2 EL Öl
- 2 EL Tomatenmark
- 2 TL Gemüsebrühe
- ½ Bund/Töpfchen Basilikum

1 Spargel waschen, schälen und die holzigen Enden abschneiden. Spargel in leicht gesalzenem Wasser mit etwas Zucker zugedeckt 15–20 Minuten garen.

2 Tomaten waschen, Zwiebeln schälen und beides fein würfeln. Öl in einem Topf erhitzen. Zwiebeln und Tomaten darin andünsten. Tomatenmark mit anschwitzen. 400 ml Wasser und Brühe einrühren. Aufkochen, offen ca. 10 Minuten köcheln. Mit Salz, Pfeffer und Zucker abschmecken.

3 Basilikum waschen, Blättchen abzupfen und, bis auf einige zum Garnieren, in feine Streifen schneiden. Zu den Tomaten geben. Spargel herausheben und abtropfen lassen. Mit der Soße anrichten, garnieren. Dazu passen neue Kartoffeln. **Getränk:** kühle Weinschorle.

ZUBEREITUNGSZEIT ca. 40 Min.
PORTION ca. 160 kcal
9 g E · 6 g F · 16 g KH

Kochen mit Köpfchen

Spargel am besten stehend in einem speziellen Spargeltopf mit Siebeinsatz garen: die dicken Enden im Wasser, die zarten Spitzen schonend im Dampf.

Die Spargelschalen ja nicht wegwerfen! Sie sind eine Basis für feine Suppen und Soßen. Dazu in ca. 1 l Wasser mit wenig Salz und 1 Prise Zucker etwa 10 Minuten köcheln (nicht länger, sonst wird der Fond bitter). Den Spargelfond durch ein feines Sieb gießen. Sie können ihn auch einfrieren.

Kanarische Kartoffeln mit roter & grüner Mojo

ZUTATEN FÜR 4 PERSONEN

- 250 g + 1 TL + etwas Salz
- 1 kg kleine festkochende Kartoffeln
- 6 Knoblauchzehen
- 2–3 getrocknete rote Chilischoten
- 2 TL Kreuzkümmel
- 1 TL (5 g) Edelsüß-Paprika
- 100 ml + 100 ml Olivenöl
- 2–4 EL Essig (z. B. Rotwein-Essig)
- je ½ Bund Koriander und Petersilie (z. B. glatte)

1 250 g Salz in ca. 1 l kaltem Wasser auflösen. Kartoffeln gründlich waschen und in dem Salzwasser ca. 20 Minuten kochen.

2 Für die „Mojo picón“ (rote Soße) 3 Knoblauchzehen schalen und durchpressen. Chilischoten entkernen, grob hacken. Vorbereitete Zutaten mit 1 TL Kreuzkümmel, Paprika, 1 TL Salz und 100 ml Olivenöl verrühren. Im Universal-Zerkleinerer oder mit dem Schneidstab pürieren. Mit 1–2 EL Essig abschmecken.

3 Für die „Mojo verde“ (grüne Soße) 3 Knoblauchzehen schälen, durchpressen. Kräuter waschen, gut trocken schütteln. Knoblauch, Kräuter, 1 TL Kreuzkümmel und 100 ml Öl verrühren. Im Universal-Zerkleinerer pürieren. Mit 1–2 EL Essig und Salz abschmecken.

4 Kartoffeln abgießen und gut abdampfen lassen (so bildet sich die typische Salzkruste!). Mit den Soßen anrichten. **Getränk:** roter Landwein.

ZUBEREITUNGSZEIT ca. 30 Min.
PORTION ca. 600 kcal
4 g E · 49 g F · 30 g KH

Variations-Ideen

Die „Mojo verde“ kann man auch nur mit Koriander zubereiten, sie schmeckt dann intensiver. Wer die rote Soße cremiger mag: ½ rote Paprikaschote mitpürieren.

Rahm-Champignons auf Röstbrot

ZUTATEN FÜR 4 PERSONEN

- 1 kg Champignons
- 2 Zwiebeln
- 2 Knoblauchzehen
- 2 EL Öl
- Salz • Pfeffer
- 8 Scheiben Vollkorn-Toast
- 4–5 Stiele frischer oder 1 TL getrockneter Thymian
- 4 EL Schmand oder Crème fraîche
- 1 TL Gemüsebrühe
- 2–3 EL heller Soßenbinder

1 Pilze putzen, waschen und je nach Größe halbieren oder vierteln. Zwiebeln und Knoblauch schälen, hacken.

2 Öl in einer beschichteten Pfanne erhitzen. Zwiebeln und Knoblauch darin andünsten. Pilze zufügen und ca. 5 Minuten goldbraun braten. Mit Salz und Pfeffer würzen.

3 Brot toasten. Thymian waschen und abzupfen. ¼ l Wasser, Schmand, Brühe und Thymian zu den Champignons geben. Alles aufkochen. Mit Soßenbinder binden. Mit Salz und Pfeffer abschmecken. Toast diagonal halbieren und mit den Champignons anrichten.
Getränk: kühles Bier.

ZUBEREITUNGSZEIT ca. 20 Min.
PORTION ca. 280 kcal
13 g E · 10 g F · 33 g KH

Statt Soßenbinder

Die Champignons nach dem Anbraten mit 1 gehäuften EL Mehl bestäuben und kurz anschwitzen. Wasser und Schmand mischen, unter Rühren zugießen und ca. 5 Minuten köcheln lassen.

Eier auf grüner Joghurtsoße

ZUTATEN FÜR 4 PERSONEN

- 1 kg Kartoffeln
- 8 Eier
- 1 Beet Kresse
- ½ Bund/Töpfchen Kerbel oder Petersilie
- 500 g cremiger Vollmilch-Joghurt
- 1–2 TL mittelscharfer Senf
- Salz • Pfeffer • Zucker
- 1–2 TL Essig

1 Kartoffeln waschen, ca. 20 Minuten kochen. Eier wachsweich kochen.

2 Kräuter waschen. Kresse vom Beet schneiden. Kerbel hacken. Mit Joghurt und Senf verrühren. Mit Salz, Pfeffer, etwas Zucker und Essig abschmecken.

3 Kartoffeln und Eier abschrecken und schälen. Eier halbieren. Beides auf der Joghurtsoße anrichten.
Getränk: kühle Saftschorle.

ZUBEREITUNGSZEIT ca. 30 Min.
PORTION ca. 430 kcal
25 g E · 19 g F · 37 g KH

Bandnudeln in Gorgonzola-Soße

ZUTATEN FÜR 4 PERSONEN

- 100–150 g Gorgonzola oder anderer Edelpilzkäse
- 50–80 g getrocknete Tomaten in Öl (Glas)
- 400 g Bandnudeln (z. B. Fettuccine oder Tagliatelle)
- Salz • Pfeffer
- 3 EL Pinienkerne
- 1 EL Öl
- ¼ l Milch
- 1–2 TL Gemüsebrühe
- 2–3 EL heller Soßenbinder
- ½ Bund Petersilie

ZUBEREITUNGSZEIT ca. 20 Min.
PORTION ca. 580 kcal
22 g E · 19 g F · 76 g KH

1 Käse grob würfeln. Tomaten abtropfen lassen und in Streifen schneiden. Nudeln in reichlich kochendem Salzwasser ca. 10 Minuten garen.

2 Pinienkerne in einer großen Pfanne im heißen Öl rösten, herausnehmen. Milch, ¼ l Wasser und Brühe in die Pfanne geben. Käsewürfel unter Rühren darin schmelzen, aufkochen.

3 Die Soße mit Soßenbinder leicht andicken. Mit Salz und Pfeffer abschmecken. Tomaten darunterheben. Petersilie waschen und hacken. Die Hälfte in die Soße rühren.

4 Nudeln abgießen und gut abtropfen lassen. Sofort mit der Soße mischen und anrichten. Mit Pinienkernen und der restlichen Petersilie bestreuen.

Frittierte Reisbällchen mit Kirschsoße

ZUTATEN FÜR 4 PERSONEN

- 300 ml Milch
- 125 g Milchreis
- etwas gemahlener Zimt
- 1–2 EL Zucker
- 1 EL Zitronensaft
- 1 Glas (720 ml) Sauerkirschen
- 1 Päckchen Vanillin-Zucker
- 1 gehäufter EL (15 g) Speisestärke
- ca. 3 EL Paniermehl
- ca. ½ l Öl zum Frittieren
- evtl. Bio-Zitrone und Minze zum Verzieren

1 Milch in einem hohen Topf aufkochen. Reis einrühren und zugedeckt bei schwacher Hitze 35–40 Minuten ausquellen lassen. Dabei ab und zu umrühren. Milchreis mit Zimt, Zucker und Zitronensaft abschmecken. Auskühlen lassen.

2 Kirschen abtropfen lassen, Saft dabei auffangen. Kirschsaft und Vanillin-Zucker aufkochen. Stärke und 2 EL Wasser glatt rühren. Den Saft damit binden. Die Kirschen unterheben und alles auskühlen lassen.

3 Milchreis mit angefeuchteten Händen zu Bällchen formen. Im Paniermehl wenden. Öl erhitzen. Bällchen darin portionsweise goldbraun frittieren. Auf Küchenpapier abtropfen lassen. Mit der Kirschsoße anrichten, verzieren.
Getränk: Espresso.

ZUBEREITUNGSZEIT ca. 1½ Std.
AUSKÜHLZEIT ca. 1 Std.
PORTION ca. 370 kcal
6 g E · 6 g F · 68 g KH

Gemüse-Weizen-„Risotto“

ZUTATEN FÜR 4 PERSONEN

- 350 g Weizenkörner
- 1 Zwiebel
- 1–2 Knoblauchzehen
- 2–3 EL Öl
- 1 gehäufter EL Tomatenmark
- 2–3 TL Gemüsebrühe
- 75–100 g Parmesan (Stück)
- 350 g Broccoli
- 150 g TK-Erbsen
- 3 Tomaten (ca. 200 g)
- Salz • Pfeffer
- evtl. Tomate und Petersilie zum Garnieren

1 Weizen abspülen und in ca. 1 l Wasser über Nacht einweichen.

2 Zwiebel und Knoblauch schälen, fein würfeln. Im heißen Öl andünsten. Weizen abgießen, abspülen. Mit Tomatenmark kurz mit andünsten. Ca. ¾ l Wasser und Brühe einrühren, aufkochen. Zugedeckt 40–50 Minuten garen.

3 Käse reiben. Broccoli putzen, waschen und in kleine Röschen teilen. Broccoli und Erbsen zum Weizen geben und offen weitere 6–8 Minuten köcheln.

4 Tomaten waschen, vierteln, entkernen und würfeln. Tomaten und ca. 50 g Parmesan unter den Weizen-„Risotto“ heben. Vom Herd nehmen und zugedeckt ca. 10 Minuten ziehen lassen. Danach abschmecken und mit Tomate und Petersilie garnieren. Mit dem restlichen Parmesan bestreuen.
Getränk: kühles Mineralwasser.

ZUBEREITUNGSZEIT ca. 1¼ Std.
EINWEICHZEIT ca. 12 Std.
PORTION ca. 480 kcal
23 g E · 13 g F · 64 g KH

Volles Korn voraus

Sie werden überrascht sein, was für köstliche Gerichte Sie aus Weizen, Hafer, Hirse & Co. zaubern können

Blumenkohl-Hirse-Buletten mit Joghurt-Dip

ZUTATEN FÜR 4 PERSONEN

- 250 g Hirse
- 1 große Zwiebel
- 1 Knoblauchzehe
- 1 EL Butter/Margarine
- 2 TL Gemüsebrühe
- Salz • Pfeffer
- 1 Blumenkohl (ca. 1 kg)
- 3 Möhren (ca. 250 g)
- 1 Bund Petersilie
- 75–100 g Gouda (Stück)
- 5 gehäufte EL Paniermehl
- ½ Bund Schnittlauch
- 500 g Vollmilch-Joghurt
- abgeriebene Schale und Saft von ½ Bio-Zitrone
- 2 Eier (Gr. M)
- 3–4 EL Öl

1 Hirse abspülen und abtropfen lassen. Zwiebel und Knoblauch schälen, fein würfeln. Im heißen Fett andünsten. Hirse kurz mitdünsten. Mit 900 ml Wasser ablöschen. Aufkochen und Brühe einrühren. Zugedeckt ca. 15 Minuten köcheln, würzen. Auf der ausgeschalteten Herdplatte ca. 20 Minuten ausquellen lassen.

2 Blumenkohl putzen, waschen und in Röschen teilen. In wenig kochendem Salzwasser zugedeckt 5–8 Minuten dünsten. Möhren schälen, waschen und raspeln. Petersilie waschen, abzupfen und hacken. Käse reiben. Blumenkohl abtropfen lassen.

3 Möhren, Petersilie, Käse und Paniermehl unter die heiße Hirsemasse rühren. Abschmecken und etwas abkühlen lassen. Schnittlauch waschen und in Röllchen schneiden. Joghurt, ¾ Schnittlauch, Zitronenschale und -saft verrühren, abschmecken.

4 Eier unter die Hirsemasse rühren. Daraus mit angefeuchteten Händen ca. 12 Buletten formen, dabei je 1–2 Blumenkohlröschen in die Mitte drücken. Öl portionsweise in einer beschichteten Pfanne erhitzen. Buletten darin von beiden Seiten goldbraun braten. Mit Rest Blumenkohl anrichten. Joghurt-Dip mit dem übrigen Schnittlauch bestreuen und dazureichen. Dazu passt Feldsalat.
Getränk: kühle Saftschorle.

ZUBEREITUNGSZEIT ca. 1½ Std.
PORTION ca. 650 kcal
28 g E · 30 g F · 62 g KH

Klein, aber oho!

Hirse liefert reichlich Mineralstoffe wie Eisen, Kalzium, Fluor und Zink. Außerdem enthält sie viel Kieselsäure für Haut, Haare und Bindegewebe. Die kleinen Körnchen sind leicht verdaulich und haben im Vergleich zu anderem Getreide eine kurze Garzeit.

Grünkern-Bratlinge mit Radieschen-Quark

ZUTATEN FÜR 4 PERSONEN

- 2 TL Gemüsebrühe
- 250 g Grünkern
- 500 g Magerquark
- 250 g Schmand
- Salz • Pfeffer
- 1 Bund Radieschen
- 1–2 Bund Lauchzwiebeln
- 1 mittelgroße Möhre
- 1 mittelgroße Zwiebel
- 1 Bund Petersilie
- 2 Eier (Gr. M)
- 2–3 EL Mehl
- 2 EL Paniermehl
- 4–5 EL Öl

1 Ca. ¾ l Wasser aufkochen und Brühe einrühren. Grünkern darin zugedeckt bei schwacher Hitze ca. 40 Minuten ausquellen lassen. Evtl. abtropfen lassen. Abkühlen lassen.

2 Quark und Schmand glatt rühren. Mit Salz und Pfeffer abschmecken. Radieschen und Lauchzwiebeln putzen, waschen und fein schneiden. Beides unter den Quark rühren.

3 Möhre schälen, waschen und grob raspeln. Zwiebel schälen, Petersilie waschen und beides hacken. Eier, Mehl, Paniermehl, Möhre, Zwiebel und Petersilie unter den Grünkern rühren. Mit Salz und Pfeffer würzen.

4 Öl portionsweise in einer Pfanne erhitzen. Aus der Masse darin ca. 12 kleine Bratlinge braten. Den Radieschen-Quark dazureichen.
Getränk: kühles Mineralwasser.

ZUBEREITUNGSZEIT ca. 1¼ Std.
ABKÜHLZEIT ca. 1 Std.
PORTION ca. 660 kcal
32 g E · 29 g F · 64 g KH

Grünkern

... ist unreifer, also „grün" geernteter Dinkel (eine alte Weizensorte). Er wird getrocknet und bekommt dadurch sein kräftiges Aroma. Das Getreide eignet sich außer für Bratlinge für Suppen, Aufläufe und Füllungen, aber nicht zum Backen.

Weizensalat mit Pfefferkäse

ZUTATEN FÜR 4 PERSONEN

- 150 g Weizenkörner
- 2 TL Gemüsebrühe
- 2 Eier
- 2–3 Möhren (ca. 200 g)
- 2 Paprikaschoten (z. B. rot und gelb)
- 200 g Staudensellerie
- 75–100 g Weichkäse mit grünem Pfeffer
- 75 g Feldsalat
- 1 kleine Zwiebel
- 1 Bund Schnittlauch
- 3–4 EL Weißwein-Essig
- Salz • Pfeffer • Zucker
- 4–5 EL Öl

1 Weizen abspülen und in gut 3/8 l Wasser über Nacht einweichen.

2 Weizen abgießen, abspülen und in ca. 300 ml Wasser aufkochen. Brühe einrühren, zugedeckt bei schwacher Hitze 50–60 Minuten garen. Eier hart kochen. Anschließend abschrecken, schälen und auskühlen lassen.

3 Inzwischen Gemüse schälen bzw. putzen und waschen. Möhren und Paprika in feine Streifen und Sellerie in Scheiben schneiden. Käse würfeln. Feldsalat putzen und waschen.

4 Weizen auskühlen lassen. Evtl. von einem Ei 2 Scheiben zum Garnieren abschneiden, übrige Eier grob hacken.

5 Zwiebel schälen, hacken. Schnittlauch waschen und in Röllchen schneiden. Essig, 4 EL Wasser, Salz, Pfeffer und etwas Zucker verrühren. Öl darunterschlagen. Schnittlauch, Zwiebel und gehackte Eier unterheben. Vorbereitete Salatzutaten und Marinade mischen, etwas ziehen lassen. Salat mit Eischeiben anrichten. **Getränk:** kühles Bier.

ZUBEREITUNGSZEIT ca. 1 Std.
EINWEICHZEIT ca. 12 Std.
AUSKÜHLZEIT ca. 1 Std.
PORTION ca. 370 kcal
14 g E · 21 g F · 28 g KH

Gemüsesuppe mit Dinkel-Klößchen

ZUTATEN FÜR 4 PERSONEN

- 250 g Dinkel
- 1 TL + 2 EL Gemüsebrühe
- 500 g Möhren
- 2 kleine Kohlrabi (à ca. 250 g)
- 1 Zwiebel
- 3 EL Öl
- 2 Zucchini (à 200 g)
- 1 Bund Petersilie
- 2 Eier
- 100 g Doppelrahm-Frischkäse mit Kräutern
- 1 EL Mehl
- Salz • Pfeffer

1 Dinkel z. B. im Universal-Zerkleinerer mahlen. Dinkel, 300 ml Wasser und 1 TL Brühe aufkochen. Bei schwacher Hitze zugedeckt ca. 20 Minuten ausquellen lassen.

2 Inzwischen Möhren putzen, waschen und in Scheiben schneiden. Kohlrabi putzen, waschen und in Stifte schneiden. Zwiebel schälen und fein würfeln. 1 EL Öl in einem Topf erhitzen. Zwiebel, Möhren und Kohlrabi darin andünsten. Mit 1 l Wasser ablöschen, aufkochen und 2 EL Brühe darin auflösen. Alles zugedeckt 10–15 Minuten garen.

3 Zucchini putzen, waschen und längs halbieren. In Scheiben schneiden und ca. 5 Minuten vor Ende der Garzeit in die Brühe geben und mitgaren.

4 Petersilie waschen, abzupfen und hacken. Eier, Käse, die Hälfte Petersilie und Mehl unter den Dinkel rühren und mit Salz und Pfeffer würzen.

5 2 EL Öl in einer Pfanne erhitzen. Aus dem Dinkelteig mit 2 angefeuchteten Esslöffeln Klöße abstechen und in der Pfanne rundherum 3–4 Minuten goldbraun braten. In die Gemüsesuppe geben. Suppe mit Salz und Pfeffer abschmecken, mit restlicher Petersilie bestreuen.

ZUBEREITUNGSZEIT ca. 50 Min.
PORTION ca. 500 kcal
20 g E · 22 g F · 52 g KH

Körnerbrot mit Kräuterquark

ZUTATEN FÜR 1 BROT
(CA. 20 SCHEIBEN)

- 100 g Mandeln mit Haut
- 1 Würfel (42 g) frische Hefe
- 500 g Weizen-Vollkornmehl
- Salz • Pfeffer
- 2 EL Essig
- 50 g Sonnenblumenkerne
- 50 g geschälte Kürbiskerne
- Fett und Mehl für die Form
- 1 Zwiebel
- 2 Stiele Petersilie
- je ½ Bund Schnittlauch und Dill
- 1 Beet Kresse
- 500 g Speisequark (40 % Fett)

1 Mandeln in grobe Stifte schneiden. Hefe in ½ l lauwarmem Wasser auflösen. Mehl, 2 TL Salz, Essig und Hefe-Wasser in eine Rührschüssel geben und mit den Knethaken des Handrührgerätes ca. 3 Minuten kräftig durchkneten (der Teig hat eine weiche Konsistenz). Mandeln, Sonnenblumen- und Kürbiskerne, bis auf je 1 EL zum Bestreuen, unterrühren.

2 Teig in eine gefettete, mit Mehl ausgestreute Kastenform (ca. 30 cm lang) geben. Mit den restlichen Kernen und Mandeln bestreuen. Sofort im vorgeheizten Backofen (E-Herd: 225 °C/Umluft: 200 °C/Gas: Stufe 4) 50–60 Minuten backen. Brot aus der Form stürzen und auskühlen lassen.

3 Für den Quark Zwiebel schälen und fein würfeln. Petersilie, Schnittlauch und Dill waschen und hacken bzw. fein schneiden. Kresse waschen und vom Beet schneiden. Quark, Zwiebel und Kräuter, bis auf etwas zum Bestreuen, glatt verrühren. Mit Salz und Pfeffer abschmecken. Brot in Scheiben schneiden. Den Kräuterquark dazureichen.
Getränk: kühle Saftschorle.

ZUBEREITUNGSZEIT ca. 25 Min.
BACKZEIT 50–60 Min.
AUSKÜHLZEIT ca. 1 Std.
SCHEIBE (OHNE QUARK) ca. 130 kcal
5 g E · 5 g F · 16 g KH

Hafer-Kartoffelpuffer zu Apfelkompott

ZUTATEN FÜR 4 PERSONEN

- evtl. ½ Vanilleschote
- 1 kg säuerliche Äpfel
- Saft von 1 Zitrone
- 1 Stück Zimtstange
- 4 EL (75 g) Zucker
- 1 kg mehlig kochende Kartoffeln
- 2 Eier (Gr. M)
- 4 gehäufte EL (80 g) Mehl
- 100 g Haferflocken
- Salz
- 3–4 EL Öl
- evtl. Melisse und Apfelspalten zum Verzieren

1 Vanilleschote einritzen, das Mark herauskratzen. Äpfel schälen, vierteln und entkernen. Äpfel in Stücke schneiden. Mit Zitronensaft, Zimtstange, Vanilleschote und -mark, Zucker und ¼ l Wasser aufkochen. Äpfel zugedeckt bei schwacher Hitze ca. 5 Minuten dünsten. Zimtstange und Vanilleschote entfernen. Apfelkompott auskühlen lassen.

2 Kartoffeln schälen, waschen und fein reiben. Eier, Mehl, Haferflocken und ½–1 TL Salz unterrühren.

3 Öl portionsweise in einer großen beschichteten Pfanne erhitzen. Aus dem Kartoffelteig darin jeweils 3–4 goldbraune Puffer backen. Evtl auf Küchenpapier abtropfen lassen, warm stellen. Hafer-Kartoffelpuffer mit Kompott anrichten. Mit Melisse und Apfelspalten verzieren. **Getränk:** kühler Apfelsaft oder Mineralwasser.

ZUBEREITUNGSZEIT ca. 40 Min.
AUSKÜHLZEIT ca. 1 Std.
PORTION ca. 610 kcal
14 g E · 14 g F · 104 g KH

Gratinierte Eierkuchen mit Gorgonzola

ZUTATEN FÜR 4 PERSONEN

- 3 Eier
- ¼ l + 200 ml Milch
- Salz • Pfeffer • Zucker • Muskat
- 150 g + 1 EL Mehl
- 1 Msp. Backpulver
- 1 Bund/Töpfchen Basilikum
- 2 mittelgroße Zwiebeln
- 3 EL Öl
- 1 EL Tomatenmark
- 750 g stückige Tomaten (Packung)
- Fett für die Form
- 400 g kleine Champignons
- 1 TL Gemüsebrühe
- 125 g Gorgonzola
- 4 TL Butterschmalz

1 Eier, ¼ l Milch, 1 Prise Salz, 150 g Mehl und Backpulver zum glatten Teig verrühren. Ca. 15 Minuten quellen lassen.

2 Basilikum waschen, abzupfen. Zwiebeln schälen, würfeln. Hälfte in 1 EL heißem Öl andünsten. Tomatenmark mit anschwitzen. Mit stückigen Tomaten ablöschen, aufkochen, ca. 10 Minuten köcheln. Mit Salz, Pfeffer und etwas Zucker abschmecken. Etwas Tomatensoße in eine große gefettete Auflaufform oder 4 kleine Förmchen geben.

3 Pilze putzen, waschen und halbieren. Pilze und Rest Zwiebeln in 2 EL heißem Öl anbraten. 1 EL Mehl darüberstäuben, anschwitzen. 150 ml Wasser, 200 ml Milch und Brühe einrühren. Aufkochen und ca. 5 Minuten köcheln. Gorgonzola würfeln und unter Rühren darin schmelzen. Mit Salz, Pfeffer und Muskat abschmecken.

4 Butterschmalz portionsweise erhitzen. Aus dem Teig darin nacheinander 8 dünne Eierkuchen backen. Jeweils mit Tomatensoße bestreichen, mit Basilikum bestreuen. Aufrollen und in die Form legen. Die Gorgonzola-Soße darüber verteilen. Im vorgeheizten Backofen (E-Herd: 200 °C/Umluft: 175 °C/Gas: Stufe 3) 15–18 Minuten überbacken.
Getränk: kühler Roséwein.

ZUBEREITUNGSZEIT ca. 1¾ Std.
PORTION ca. 560 kcal
25 g E · 30 g F · 43 g KH

Zum Dahinschmelzen gut

Ob goldgelbe Kruste, saftige Knödel oder Käse-Pastete – Gouda & Co. machen diese Gerichte einfach unwiderstehlich!

Blumenkohl-Spitzkohl-Gratin

ZUTATEN FÜR 4 PERSONEN

- 500 g Kartoffeln (z. B. vorwiegend festkochend)
- 1 kleiner Blumenkohl (750 g)
- 1 kleiner Spitzkohl (ca. 600 g)
- ½ l Gemüsebrühe
- 1 EL Sesam
- 1 kleine Zwiebel
- 1 EL (20 g) Butter/Margarine
- 1 TL Curry
- 1 leicht gehäufter EL (15 g) Mehl
- 100 ml Milch • Salz • Pfeffer
- Fett für die Form
- 1 Packung (200 g) Gratinkäse oder geriebener Emmentaler

1 Kartoffeln waschen und ca. 20 Minuten kochen. Blumenkohl putzen, waschen und in Röschen teilen. Spitzkohl putzen, vierteln und waschen. Beides in kochender Brühe zugedeckt ca. 10 Minuten garen. Abtropfen lassen und die Brühe dabei auffangen.

2 Sesam ohne Fett rösten, herausnehmen. Zwiebel schälen und fein würfeln. Fett erhitzen. Zwiebel darin andünsten. Curry und Mehl kurz mit anschwitzen. ⅜ l Gemüsebrühe und Milch einrühren, ca. 5 Minuten köcheln. Mit Salz und Pfeffer abschmecken.

3 Kartoffeln abgießen, abschrecken und schälen. Spitzkohlviertel in jeweils 3 Spalten schneiden. Kartoffeln in dünne Scheiben hobeln oder schneiden.

4 Eine große Gratinform fetten. Kartoffeln fächerartig an den Rand legen. Blumenkohl und Spitzkohl in die Mitte geben. Alles mit Soße übergießen. Mit Käse und Sesam bestreuen. Im heißen Ofen (E-Herd: 200 °C/Umluft: 175 °C/ Gas: Stufe 3) 30–35 Minuten backen. **Getränk:** kühles Bier.

ZUBEREITUNGSZEIT ca. 1¼ Std.
PORTION ca. 380 kcal
23 g E · 20 g F · 25 g KH

Käseknödel auf Rahm-Kürbis

ZUTATEN FÜR 4–6 PERSONEN

- 300 g Weißbrot (vom Vortag)
- 200 ml Milch
- 2 Zwiebeln
- 80 g + 1 EL Butter
- je 150 g Gouda und Tilsiter (Stück)
- je ½ Bund Petersilie und Schnittlauch
- 3 Eier
- 2 leicht gehäufte EL (30 g) Mehl
- Salz • Pfeffer
- 750 g Kürbis
- 250 g Möhren
- 1–2 EL Öl
- 1 EL Gemüsebrühe
- 100 g Schlagsahne
- 2 EL heller Soßenbinder

1 Brot würfeln. Milch erwärmen. Brotwürfel damit übergießen. Zwiebeln schälen und hacken. Die Hälfte in 80 g Butter andünsten. Etwas abkühlen lassen. Käse fein würfeln. Kräuter waschen und fein schneiden.

2 Gedünstete Zwiebeln samt Butter, Eier, Mehl, Kräuter, Brot und Salz verkneten. Käse unterkneten. Mit angefeuchteten Händen zu Knödeln formen.

3 Kürbis und Möhren schälen, waschen und klein schneiden. Öl erhitzen. Restliche Zwiebel, Kürbis und Möhren andünsten. Mit ⅜ l Wasser ablöschen, aufkochen und Brühe einrühren. Zugedeckt ca. 15 Minuten garen.

4 Inzwischen Knödel in reichlich kochendem Salzwasser bei schwacher Hitze ca. 20 Minuten gar ziehen lassen.

5 Sahne zum Gemüse geben. Aufkochen, binden und abschmecken. Knödel abtropfen lassen. Alles anrichten. 1 EL Butter bräunen, über die Knödel geben.
Getränk: kühler Weißwein.

ZUBEREITUNGSZEIT ca. 1¼ Std.
PORTION ca. 650 kcal
27 g E · 41 g F · 39 g KH

Ofen-Kartoffeln mit Mozzarella-Haube

ZUTATEN FÜR 4 PERSONEN

- 1 Knoblauchzehe
- 4–5 EL Öl (z. B. Olivenöl)
- Salz • Pfeffer
- ½ TL Edelsüß-Paprika
- 8 große Kartoffeln (à ca. 150 g)
- 1 Mozzarella (125 g)
- 100 g Crème fraîche
- ½ Bund glatte Petersilie
- 75 g eingelegte Peperoni (Glas)
- 50 g schwarze Oliven
- evtl. Backpapier

1 Knoblauch schälen und fein hacken oder durchpressen. Mit Öl, Salz, Pfeffer und Paprikapulver verrühren. Kartoffeln gut waschen und längs halbieren.

2 Kartoffeln mit der Schnittfläche nach oben auf ein mit Backpapier ausgelegtes Backblech legen und mit dem Würzöl bestreichen. Im vorgeheizten Backofen (E-Herd: 200 °C/Umluft: 175 °C/ Gas: Stufe 3) ca. 30 Minuten backen.

3 Mozzarella grob raspeln oder in kleine Würfel schneiden und mit Crème fraîche verrühren. Die Käsemasse auf den Kartoffeln verteilen und bei gleicher Temperatur weitere 15–20 Minuten backen.

4 Petersilie waschen, in Streifen schneiden. Die Ofen-Kartoffeln mit Peperoni, Oliven und Petersilie anrichten.
Getränk: kühle Weinschorle.

ZUBEREITUNGSZEIT ca. 1 Std.
PORTION ca. 440 kcal
12 g E · 25 g F · 38 g KH

Einfach cool

Mozzarella und andere weiche Käse lassen sich leichter raspeln, wenn man sie vorher ca. 30 Minuten in die Tiefkühltruhe legt.

Käseschnitzel nach Puszta-Art

ZUTATEN FÜR 4 PERSONEN

- 2 geröstete Paprikaschoten (Glas)
- ½ Bund Schnittlauch
- 500 g Champignons
- ca. 5 EL Mehl
- 5–6 gehäufte EL Paniermehl
- 1 großes Ei
- Pfeffer • Salz
- 8 dicke Scheiben mittelalter Gouda
- 1–2 EL Butter/Margarine
- 4–5 EL Öl
- evtl. Salatblätter und Petersilie zum Garnieren

1 Paprika auf Küchenpapier gut abtropfen lassen. Halbieren und evtl. auf Größe der Käsescheiben zurechtschneiden. Schnittlauch waschen, fein schneiden. Pilze putzen, waschen und in dünne Scheiben schneiden.

2 Mehl und Paniermehl je in einen tiefen Teller geben. Ei und etwas Pfeffer in einem tiefen Teller verquirlen. Käse entrinden. Hälfte Käsescheiben mit je 1 Paprikahälfte belegen. Rest Käsescheiben darauflegen. Gut zusammendrücken.

3 Fett in einer Pfanne erhitzen. Pilze darin unter Wenden braun braten. Mit Salz und Pfeffer würzen, warm stellen.

4 Schnitzel nacheinander im Mehl, Ei und Paniermehl wenden. Öl portionsweise in einer beschichteten Pfanne erhitzen. Käseschnitzel darin von jeder Seite 2–3 Minuten goldbraun braten, warm stellen.

5 Käseschnitzel diagonal halbieren und mit den Pilzen anrichten. Mit Schnittlauch bestreuen und garnieren. Dazu schmecken ein knackiger Salat und frisches Bauernbrot.
Getränk: kühles Bier.

ZUBEREITUNGSZEIT ca. 45 Min.
PORTION ca. 550 kcal
35 g E · 38 g F · 14 g KH

So gelingt's

Für die Käseschnitzel müssen die Goudascheiben knapp 1 cm dick sein. Am besten kaufen Sie ein großes Stück Käse und schneiden sie selbst ab.

Statt Gouda eignen sich auch würzige Hartkäse wie Bergkäse, Appenzeller oder Comté.

Paprika-Frischkäse-Pastete

ZUTATEN FÜR CA. 20 SCHEIBEN

- 1 große rote Paprikaschote
- 1 Bund Schnittlauch
- 100 g alter Gouda (Stück)
- 600 g Doppelrahm-Frischkäse
- Pfeffer
- 7 große Scheiben (à 60 g) junger Gouda (ohne Rinde)
- Frischhaltefolie

1 Paprika putzen, waschen und klein würfeln. Schnittlauch waschen und fein schneiden. Ca. 2 EL Paprika und 1 EL Schnittlauch beiseite legen.

2 Gouda fein reiben. Mit Frischkäse, Paprika und Schnittlauch verrühren. Mit Pfeffer abschmecken. Eine Pastetenform (ca. 8 x 30 cm) oder Rehrückenform (ca. 1 l Inhalt) so mit Folie auslegen, dass sie über den Rand hinausragt.

3 Form mit 4 Goudascheiben, leicht überlappend, auslegen. Creme einfüllen und glatt streichen. Mit restlichem Gouda abdecken. Folie darüberschlagen. Pastete mind. 4 Stunden, besser über Nacht, kalt stellen. Vorsichtig stürzen. Mit restlichem Paprika und Schnittlauch bestreuen. Dazu passen Bauern- oder Vollkornbrot und Weintrauben.

Getränk: kühler Roséwein.

ZUBEREITUNGSZEIT ca. 30 Min.
WARTEZEIT mind. 4 Std.
SCHEIBE ca. 220 kcal
13 g E · 17 g F · 2 g KH